मेरा भारत

डॉ. ए.पी.जे. अब्दुल कलाम की सबसे बड़ी विरासत भारतीयों की वे पीढ़ियाँ हैं, जिन्हें उन्होंने सपने देखने, उत्कृष्ट प्रदर्शन करने और आगे बढ़ने का सपना दिखाया। अखबार बेचनेवाले एक बच्चे का अंतरिक्ष वैज्ञानिक, रॉकेट इंजीनियर, मिसाइल मैन और अंततः उनका भारत का राष्ट्रपति बनना देशवासियों के बीच यह आशा जगाता है कि अंत में कठिन परिश्रम और कौशल ही कारगर साबित होता है। डॉ. कलाम के प्रेरक व्यक्तित्व ने लाखों भारतीयों को यह भी दिखाया है कि जीवन में कोई जिन रास्तों को चुनता है और जितना अधिक पुरुषार्थ करता है, वह अपने लिए सफलता के द्वार खोल ही लेता है।

यह पुस्तक, समय-समय पर डॉ. कलाम द्वारा व्यक्त किए गए विचारों का संग्रह है और बड़े पैमाने पर युवाओं पर केंद्रित है। निस्संदेह यह युवाओं को उत्कर्ष करने और आसमान छूने की प्रेरणा और ऊर्जा देने की दिशा में एक महत्त्वपूर्ण कदम है। यह पुस्तक युवा पाठकों को डॉ. कलाम को और अच्छी तरह समझने में सहायक होगी तथा उन्हें उस राह पर चलते रहने की प्रेरणा, आत्मविश्वास और साहस देगी, जिसे उन्होंने हम सभी को दिखाया है।

डॉ. कलाम भारत के लिए जिए, उसी के लिए उन्होंने स्वप्न देखे। उनके उसी 'विकसित, सुसंपन्न, समर्थ-सबल, शक्ति-संपन्न भारत' के स्वप्न को साकार करने का बल देनेवाली प्रेरणाप्रद पुस्तक।

डॉ. ए.पी.जे. अब्दुल कलाम (15.10.1931-27.7.2015) भारत के यशस्वी वैज्ञानिकों में से एक तथा उपग्रह प्रक्षेपण यान और रणनीतिक मिसाइलों के स्वदेशी विकास के वास्तुकार थे। एस.एल.वी.-3, 'अग्नि' और 'पृथ्वी' उनकी नेतृत्व-क्षमता के प्रमाण हैं। उनके अथक प्रयासों से भारत रक्षा तथा वायु-आकाश प्रणालियों में आत्मनिर्भर बना। अन्ना विश्वविद्यालय में प्रौद्योगिकी तथा सामाजिक रूपांतरण के प्रोफेसर के रूप में उन्होंने विद्यार्थियों से विचारों का आदान-प्रदान किया और उन्हें एक विकसित भारत का स्वप्न दिया। अनेक पुरस्कार-सम्मानों के साथ उन्हें देश के सर्वोच्च नागरिक सम्मान 'भारत-रत्न' से भी सम्मानित किया गया। विज्ञान-प्रसार में योगदान के लिए उन्हें प्रतिष्ठित 'किंग चार्ल्स-II' मेडल से सम्मानित किया गया। भारत के राष्ट्रपति के रूप में अपने कार्यकाल के दौरान देश भर के आठ लाख से अधिक छात्रों से भेंट कर उन्होंने महाशक्ति भारत के स्वप्न को रचनात्मक कार्यों द्वारा साकार करने का आह्वान किया।

मेरा भारत

डॉ. ए.पी.जे. अब्दुल कलाम

भूमिका

सृजन पाल सिंह

शोध : श्रुतकीर्ति खुराना

प्रकाशक
प्रभात प्रकाशन प्रा. लि.
4/19 आसफ अली रोड, नई दिल्ली–110002
फोन : 011–23289777 • हेल्पलाइन नं. : 7827007777
इ–मेल : prabhatbooks@gmail.com ❖ वेब ठिकाना : www.prabhatbooks.com

संस्करण
2025

अनुवाद
श्री ए.के. रॉय

पेपरबैक मूल्य
चार सौ रुपए

मुद्रक
नरुला प्रिंटर्स, दिल्ली

———— ★ ————

MERA BHARAT
by Dr. A.P.J Abdul Kalam

Published by **PRABHAT PRAKASHAN PVT. LTD.**
4/19 Asaf Ali Road, New Delhi-110002
ISBN 978-93-5186-959-7

₹ 400.00 (PB)

प्रस्तावना

मेरे लिए अपने गुरु, शिक्षकों के शिक्षक डॉ. ए.पी.जे. अब्दुल कलाम (सन् 1931-2015) द्वारा लिखी गई पुस्तक की प्रस्तावना लिखना कठिन भी है और एक अनोखा सम्मान भी। उनकी कल्पना जितनी विस्तृत थी, उनकी दृष्टि उतनी ही अथाह। इस कारण मेरे जैसे उनके एक सामान्य छात्र के लिए कुछ पन्नों में उन्हें समेट पाना संभव नहीं है। फिर भी इन शब्दों को लिखते समय मेरे हृदय और मेरे मन में स्मृतियों का एक सैलाब उमड़ रहा है, जिसमें गहन भावनाओं के अनेक रंग हैं। मेरे मन में वे सारे ही विचार कौंध रहे हैं, जिन्हें मेरे गुरु ने प्रज्वलित किया था और कैसे प्रत्येक विचार ने मुझे शिक्षित, विकसित और परिवर्तित किया है। मेरे लिए यह गर्व का विषय है कि मैंने उन महानतम व्यक्तियों में से एक के साथ अनेक वर्ष बिताए और काम किया, जो कभी इस धरती पर आया था।

डॉ. कलाम के साथ मेरी यात्रा सितंबर 2008 में शुरू हुई, जब पहली बार मैंने उन्हें एक शिक्षक के रूप में देखा था। भारतीय प्रबंधन संस्थान, अहमदाबाद में मेरे दूसरे वर्ष के दौरान वे राष्ट्र-निर्माण के कोर्स के लिए मेरे प्रोफेसर थे। 27 जुलाई, 2015 को जब उनके साथ मेरा आखिरी दिन था, तब भी वह एक शिक्षक के रूप में ही थे। इस बार वे देश के एकदम दूसरे छोर पर—भारतीय प्रबंधन संस्थान, शिलांग के प्रोफेसर के रूप में धरती को रहने योग्य बनाने के कोर्स की क्लास ले रहे थे।

वर्ष 2008 से 2015 के बीच मैंने उनके ज्ञान और उनकी संवेदनशीलता

के साथ ही उस विनम्रता की असीमता को भी देखा, जिसके साथ उन्होंने अपना जीवन बिताया। मैंने उनके अनगिनत व्याख्यान सुने, लंबी-लंबी यात्राएँ कीं; उन्हें अपने न जाने कितने विचारों को साझा करते सुना है। मैंने टहलते, दिन व रात का खाना खाते उनके साथ चर्चा की है। उन्हें अपने आपको उनका छात्र, एक दोस्त, एक सह-लेखक और अकसर दिलचस्प इनसान कहते सुना है। इनमें से हर एक चर्चा में उन्होंने नए विचारों की ज्योति जलाई, कुछ नया करने का उत्साह जगाया और मुझे सिखाया कि सारी विफलताएँ, वे चाहे कितनी ही बड़ी क्यों न हों, क्षणिक होती हैं।

डॉ. ए.पी.जे. अब्दुल कलाम की सबसे बड़ी विरासत भारतीयों की वे पीढ़ियाँ हैं, जिन्हें उन्होंने सपने देखने, उत्कृष्ट प्रदर्शन करने और आगे बढ़ने का सपना दिखाया है। अखबार बेचनेवाले एक बच्चे का अंतरिक्ष वैज्ञानिक, रॉकेट इंजीनियर, मिसाइल एक्सपर्ट और अंततः भारत का ग्यारहवाँ राष्ट्रपति बनना उनके देशवासियों के बीच यह उम्मीद जगाता है कि अंत में कठिन परिश्रम और हुनर ही कारगर साबित होता है। इसने लाखों भारतीयों को यह भी दिखाया है कि जीवन में कोई जिन रास्तों को चुनता है और जितना भी प्रयास करता है, वह अपने जन्म के समय की किसी भी कठिनाई पर विजय पा सकता है या उस नुकसान की भरपाई कर सकता है। मुझे याद है कि ऑस्ट्रेलिया में एक प्रोफेसर ने डॉ. कलाम का परिचय अपनी क्लास से कराते हुए कहा था, ''अपने अस्सीवें वर्ष में भी भारत के नौजवानों के लिए वह किसी संत के जैसा सम्मान और किसी रॉक स्टार के जैसा करिश्मा रखते हैं।''

डॉ. कलाम को युवाओं से विशेष लगाव था। मुझे याद है कि कई बार वे कहते थे, ''सत्रह वर्ष की उम्र तक किसी युवा के दिमाग को ढाला जा सकता है। उसके बाद ऐसा करना कठिन हो जाता है।'' इसलिए, अपने राष्ट्रपति रहने के दौरान और उसके बाद भी उन्होंने अपना काफी समय भारतीय युवाओं के मन को स्वरूप देने के प्रति समर्पित किया। वे चाहते थे कि उनमें तीन गुण हों—सदाचार, सृजनात्मकता और साहस। उन्होंने इसे एक समीकरण का रूप भी दिया, जिसे उन्होंने 'ज्ञान समीकरण' कहा, जहाँ ज्ञान

को इन तीनों गुणों के कुल जोड़ के रूप में परिभाषित किया जाता है। जहाँ तक साहस की बात है, तो वह अकसर कहा करते थे, ''ज्ञान आपको महान् बनाता है।'' इन तीन सरल शब्दों से उन्होंने महानता की राह का खाका खींच दिया। इतने सरल थे डॉ. कलाम।

इस पुस्तक में शामिल कलाम के अनेक भाषणों को लिखे जाने के समय मैं भी उनका एक हिस्सा था। प्रत्येक भाषण पर गहन शोध किया गया था और अंतिम रूप लेने से पहले उनकी कई बार रचना की गई, खारिज किया गया और फिर से रचना की गई। छोटे से ऑफिस में जब वह भाषण लिखा जा रहा होता था, टेबल के उस पार कलाम कंप्यूटर के साथ बैठे होते थे और भाषण दीवार पर प्रोजेक्ट किया जाता था। हम हर एक आइडिया पर वाद-विवाद करते थे और तब निर्णय लेते थे कि उनमें से क्या भाषण में शामिल किया जाना चाहिए। कुछ मामलों में एक के बाद एक नई बातें आती थीं और इस प्रकार हमारे पास एक भाषण के बीस से ज्यादा संस्करण तैयार हो जाते थे।

डॉ. कलाम अपने श्रोताओं को लेकर बहुत सजग रहते थे और अकसर पूछा करते थे, ''क्या यह लेक्चर सारे श्रोताओं को प्रेरित कर सकता है? क्या यह वहाँ मौजूद लोगों के लिए दिलचस्प होगा?'' और फिर सावधानी से चुने गए शब्दों को डॉ. कलाम अपनी अद्‌भुत क्षमता से पेश किया करते थे, जिन्हें सुनकर हर बार श्रोताओं के सपनों को एक नई उड़ान मिलती थी। श्रोताओं का ध्यान खींचने का उनके पास अपना ही एक तरीका था। वह उन्हें महज श्रोताओं के जैसा महसूस नहीं होने देते थे। वह उन्हें एक अहमियत और किसी प्रयोजन में सहयोग करने के लिए सामर्थ्यवान होने का एहसास दिला देते थे। इस पुस्तक का प्रत्येक अध्याय मेरे लिए बहुमूल्य स्मृतियों को फिर से जीवित करने के एहसास के समान है।

'एक विश्व नेता का जन्म' शीर्षक लेख में यह बताया गया है कि डॉ. कलाम का नजरिया दक्षिण अफ्रीका में गांधीजी के जीवन को लेकर क्या था और वह उन पहले व्याख्यानों में से एक था, जिन्हें मैंने उन्हें वर्ष 2008 में देते सुना था, जब मैं एक छात्र था। उन्होंने मुझे अरुणाचल प्रदेश के किबातू में

हुए अपने एक अनुभव के बारे में तब बताया था (जय हिंद का एक प्रसंग), जब हम इटा नगर स्थित राजभवन में रात के भोजन पर चर्चा कर रहे थे और उनकी निगाह हिमालय पर टिकी थी। यह उस 'टारगेट 3 बिलियन' पुस्तक की एक महत्त्वपूर्ण कहानी बन गया, जिसे हम दोनों ने मिलकर लिखा था। 'किडनी चेन' नाम का हिस्सा मुझे डॉ. कलाम की प्रतिक्रिया की एकदम स्पष्ट रूप से याद दिलाता है। उन्हें पता चला कि जाने-माने उद्योगपति श्री कोचूसेफ चितिलापली नें एक अनजान रोगी ड्राइवर को अपनी किडनी दान कर दी तो वह एकदम भावुक हो गए थे। डॉ. कलाम और चितिलापली के बीच की बातचीत का न केवल डॉ. कलाम और चितिलापली पर जबरदस्त प्रभाव पड़ा, बल्कि उन सभी पर गहरा असर हुआ, जिन्हें डॉ. कलाम के व्याख्यान से इस घटना के बारे में जानकारी मिली। आई.आई.एम., शिलांग में जब लेक्चर देते हुए डॉ. कलाम हमें छोड़कर चले गए, तब वह 'हैपिनेस ऑफ द होल' अंश का वह छंद 'राइटियसनेस ऑफ द हार्ट (दिल की धार्मिकता) के बारे में बताने वाले थे।

लोग अकसर मुझसे पूछते हैं, "क्या डॉ. कलाम कभी देश की दशा को लेकर चिंतित थे? क्या वह इस बात को लेकर परेशान थे कि भ्रष्टाचार कैसे विकास में रोड़े अटका रहा है या प्रदूषण से मानव जीवन बदतर हो रहा है?" बिना लाग-लपेट के यह उत्तर दिया जा सकता है कि 'हाँ, बिल्कुल चिंतित थे।'

हालाँकि इसके साथ ही वह सदैव आशावान रहनेवाले व्यक्ति भी थे और भारतीय युवाओं की क्षमता व मंशा पर उनका अटल विश्वास था कि वे राष्ट्र की एक-एक समस्या को दूर कर सकते हैं। उन्हें विश्वास था कि युवा नए विचारों को जन्म दे सकते हैं और नए-नए तरीकों को ईजाद कर अपने सारे कदमों को एक दिशा में ले जा सकते हैं।

यह पुस्तक, जो समय-समय पर प्रकट हुए उनके विचारों का एक संग्रह है और बड़े पैमाने पर युवाओं पर केंद्रित है, निस्संदेह यह युवाओं को उस स्थान तक ले जाने की प्रेरणा और ऊर्जा देने की दिशा में एक महत्त्वपूर्ण

कदम है, जिस पर वास्तव में उनका अधिकार है और वह स्थान अग्रणी राष्ट्र-निर्माताओं का है।

आज डॉ. कलाम भौतिक रूप से हमारे बीच भले ही न हों, लेकिन महान् हस्तियाँ कभी मरती नहीं। वे बस मानवीय रूप से सशक्त विचारों में परिवर्तित हो जाती हैं। एक विचार के रूप में डॉ. कलाम सदैव हमारे साथ हैं और रहेंगे और 'मेरा भारत' उस दिशा में एक प्रशंसनीय प्रयास है।

मुझे विश्वास है कि यह पुस्तक युवा पाठकों को डॉ. कलाम को और अच्छी तरह समझने में सहायक होगी तथा उन्हें उस राह पर चलते रहने की प्रेरणा, आत्मविश्वास और साहस देगी, जिसे उन्होंने हम सभी को दिखाया है। मुझे यह भी विश्वास है कि डॉ. कलाम के उन अनेक सपनों को पूरा करने की दिशा में भी काम करेंगे, जो अब तक अधूरे हैं और जिनमें वर्ष 2020 तक ग्रामीण इलाकों के विकास, जीवन के सभी क्षेत्रों में पारदर्शिता और कर्मठता लाने के साथ ही भारत को ज्ञान की महाशक्ति बनाने तथा आर्थिक रूप से विकसित भारत की रचना भी शामिल है।

जुलाई 2015 में डॉ. कलाम की अचानक हुई मृत्यु के कुछ समय बाद मैं चेन्नई में था, जहाँ एक सरकारी स्कूल के छात्रों के छोटे समूह से बातचीत कर रहा था। मैंने उनसे पूछा, "जब तुम बड़े हो जाओगे तो क्या बनना चाहोगे?" सबने एक साथ अपने हाथ उठाए और खुश होते हुए कहा, "कलाम!" देश के युवाओं पर उनका प्रभाव ऐसा ही था। बेशक, भारत के लाखों युवाओं की तरह मैं भी जीवन भर कलाम सर को भूल नहीं सकता हूँ। अपने संबोधनों और सपनों के जरिए वे हमें आज भी प्रेरित कर रहे हैं, हमारी कल्पनाओं को उड़ान देने के साथ ही हमें उस दायरे के पार जाने का हौसला दे रहे हैं, जिसे हमने अपनी क्षमता की सीमा मान लिया था।

समाप्त करने से पहले मैं चाहूँगा कि उन शब्दों को साझा करूँ, जिन पर मैंने इस पुस्तक को पढ़ते समय गौर किया। वर्ष 2005 में डॉ. कलाम के सामने बच्चों के एक समूह ने महान् मिजो कवि रुकुंगा की कविता 'द वर्ल्ड

ऑफ पार्टिंग' को गाकर सुनाया था—

'नाऊ वी पार्ट विद ए हेवी एंड पेनफुल हार्ट,
द वर्ल्ड वी लिव इन, हैज बिन डेस्टींड फॉर
पार्टिंग,
बाई द हेवनली फादर अबॉड…'

—सृजन पाल सिंह

अनुक्रम

2 जीवन के सबक

3 सपने देखो

अपने देश से प्रेम करो

डॉ. कलाम एक बेहतरीन मार्गदर्शक थे। मुझे उनके बहुत करीब रहकर काम करने का मौका मिला। मैंने अपने निजी जीवन का सबसे अच्छा मार्गदर्शक खो दिया है। देश ने एक बेटा खो दिया, जिसने हमारे देश को एक शक्तिशाली राष्ट्र बनाने के लिए काम किया। उन्होंने अपना एक-एक पल भारत के युवाओं को शक्तिमान और आत्मनिर्भर बनाने के लिए समर्पित कर दिया था।

—नरेंद्र मोदी

भारत के प्रधानमंत्री

एक विश्व नेता का जन्म*

गांधीजी को लेकर मेरा पहला अनुभव वर्ष 2004 का है, जब मैं दक्षिण अफ्रीका गया था, जहाँ मुझे दक्षिण अफ्रीकी संसद् और 53 सदस्योंवाली पैन-अफ्रीकी संसद् को संबोधित करना था। मेरी यात्रा के दौरान मेरे कई कार्यक्रमों में डरबन से पीटरमारिट्सबर्ग की यात्रा भी शामिल थी। यह सन् 1893 के उस सफर के ही समान थी, जब महात्मा गांधी भाप के इंजन से चलनेवाली ट्रेन से डरबन से पीटरमारिट्सबर्ग गए थे।

वह डरबन स्टेशन से शुरू हुई गांधीजी की यात्रा ही थी, जिसने आगे चलकर उनके जीवन की दिशा बदल दी। वह 7 जून, 1893 को प्रिटोरिया जाने के लिए ट्रेन पर सवार हुए थे, जहाँ उन्हें मुवक्किलों से मिलना था। उनके लिए फर्स्ट क्लास का टिकट बुक किया गया था। वह ट्रेन रात करीब 9 बजे पीटरमारिट्सबर्ग पहुँची। डब्बे में सवार हुए अंग्रेज को यह गँवारा नहीं हुआ कि एक अश्वेत उसके साथ सफर करे। इसलिए वह बाहर गया और दो अधिकारियों के साथ आया, जिन्होंने गांधीजी को वैन कंपार्टमेंट में चले जाने का हुक्म दिया। बाद में एक श्वेत कांस्टेबल को बुलाया गया, जिसने गांधीजी का हाथ पकड़ा और ट्रेन से बाहर धक्का दे दिया। उनका सामान भी फेंक दिया गया और ट्रेन उन्हें वहीं छोड़कर अपने गंतव्य पर निकल पड़ी। गांधीजी ने वह रात वेटिंग रूम में बिताई। सर्दियों के दिन थे और कड़ाके की ठंड पड़ रही थी। उनके सामान में उनका ओवरकोट पड़ा था; लेकिन

* गांधी जयंती मनाए जाने के अवसर पर संबोधन, ऑरलैंडो, अमेरिका, 30 सितंबर, 2012।

उन्होंने इस डर से उसे नहीं निकाला कि कहीं उनकी और बेइज्जती न हो।

मैं जब पीटरमारिट्सबर्ग रेलवे स्टेशन पर उतरा तो मेरी नजर एक प्लेट पर पड़ी, जिस पर लिखा था—

'इस प्लेट के करीब एम.के. गांधी को 7 जून, 1893 की रात फर्स्ट क्लास कंपार्टमेंट से बाहर निकाला गया था। इस घटना ने उनका जीवन बदल दिया। उन्होंने नस्लभेद के खिलाफ लड़ाई छेड़ दी। उसी दिन से उनकी सक्रिय अहिंसा का आरंभ हो गया।'

अब उस प्लेट को देखकर मैं उन भावनाओं और विचारों को महसूस करने की कोशिश कर रहा था कि उस दिन गांधीजी के मन में क्या चल रहा होगा। वह रात 9 बजे से सुबह 6 बजे तक पीटरमारिट्सबर्ग स्टेशन पर ही थे। इस दौरान उनके मन में अनेक प्रकार के विचार कौंध रहे थे। रात 9 बजे से रात 12 बजे के बीच उनके मन में उमड़ रहा एक विचार यह था, 'मुझे प्रताड़ित करनेवालों को सजा देनी ही चाहिए। फिर रात 12 बजे से सुबह 3 बजे के बीच विचारों का दूसरा झोंका आया, जिसने उनसे कहा, 'मुझे दक्षिण अफ्रीका और वकालत छोड़ देनी चाहिए और भारत लौटकर एक सुखी जीवन बिताना चाहिए।' सुबह 3 बजे से 6 बजे के बीच विचारों की तीसरी लहर आई। वे ऐसे विचार थे, जिन्होंने एक महान् फैसले को स्वरूप दिया, 'पीटरमारिट्सबर्ग में सीखे सबक का इस्तेमाल करते हुए मैं अफ्रीका से नस्लभेद को उखाड़ फेंकने के लिए क्या कर सकता हूँ?' इस प्रकार 7 जून, 1893 को सत्याग्रह आंदोलन का बीज डाला गया, जिसने आखिरकार भारत को आजादी दिला दी।

□

जय हिंद*

राष्ट्रपति के रूप में अपने कार्यकाल के अंतिम वर्ष 2007 में सेना प्रमुख जनरल जोगिंदर जसवंत सिंह ने मुझसे पूर्वोत्तर के राज्य अरुणाचल प्रदेश की चीन से लगती सीमा का दौरा करने का पुरजोर आग्रह किया था। 'जनरल जे.जे.' के नाम से लोकप्रिय जनरल एक कुशल और अनुभवी सैनिक हैं। उनका व्यक्तित्व प्रभावशाली है और उनके चेहरे पर हमेशा एक मुसकान बनी रहती है। इसलिए जब जे.जे. ने जोर डाला कि मैं उस सीमा पर तैनात अपने सैनिकों को संबोधित करूँ, तो मैं इनकार नहीं कर सका। हम सीमा पर किबातू नाम की एक जगह तक पहुँचे, जहाँ भारत और चीन के इलाके मिलते हैं। हम एक घाटी में भारत की जमीन पर खड़े थे, जहाँ चारों ओर आसमान छूती पहाड़ियाँ थीं। दूसरी तरफ, हमसे थोड़ी अधिक ऊँचाई पर मुझे चीन की चौकियाँ दिखाई दे रही थीं, जहाँ कुछ उत्सुक चीनी सैनिकों का जमावड़ा लग गया था। संभवत: वे भारतीय हिस्से में हमारे दौरे से पैदा हुई अफरा-तफरी को दिलचस्पी से देख रहे थे। मैंने एक नजर अपने युवा सैनिकों और स्थानीय लोगों को देखा, जो वहाँ इकट्ठा हो गए थे और फिर हिमालय के गगनचुंबी पहाड़ों पर गौर किया। मुश्किलें पैदा करनेवाले मौसम में हमारे सैनिक जितना कष्ट उठा रहे थे, उसने मेरे दिल को छू लिया। चाहे हम अपने सैनिकों के लिए कितनी ही सुविधाएँ क्यों न जुटा लें, फिर भी

* उच्च रक्षा प्रबंधन कोर्स, रक्षा प्रबंधन महाविद्यालय, हैदराबाद में समापन भाषण, 22 मार्च, 2012

हिमालय की रणभूमि में मौसम अकसर दुश्मन से भी बड़ा शत्रु बन जाता है।

फिर मैंने वहाँ इकट्ठा हुए स्थानीय लोगों को देखा, जो अधिकांशत: जनजातीय ही थे। उनके खिले चेहरे और उस पर बिखरी मुसकराहट गरीबी और कठिनाई के प्रत्यक्ष संकेतों को छिपाने में नाकाम थी—काम के बोझ से रूखे-सूखे हाथ, फटे-चिथे कपड़े और पतले-दुबले शरीर। भारत के सीमावर्ती क्षेत्रों के वे निवासी बिना किसी विशेष सहायता के विपरीत परिस्थितियों में रहकर भी सेना को सहायता और रणनीतिक समर्थन देने के कार्य करते हैं। मैं जब उनके पास से गुजरा तो इस जनजातीय इलाके में अकसर किए जानेवाले चिर-परिचित उद्घोष ने मेरा स्वागत किया। पूरे जोश से कहा गया, 'जय हिंद!'

फिर मैंने एक एकीकृत सेना कमान को संबोधित किया, जिसमें सारे सैनिक और अफसर मौजूद थे। मैंने पाया कि वे कठिन परिस्थितियों में भी जोश के साथ डटे रहना चाहते हैं। वे सदैव किसी भी चुनौती का सामना करने के लिए तैयार रहते हैं, चाहे वह सीमा के उस पार की हो या मौसम से जुड़ी हुई हो। अपने संबोधन के बाद जब मैं नौजवान अफसरों से मिला तो मैंने उनसे कहा, "साथियो, बहादुर अफसरो और भारत के जवानो! मैं यह मानता हूँ कि आप लोग दिन-रात देश और इसके लोगों की शांति व सुरक्षा के लिए काम कर रहे हैं। मुझे आप सभी पर गर्व है। क्या आप में से हर नौजवान मुझे यह बताएगा कि आपका कोई एक सबसे सुनहरा सपना क्या है?" एक पल के लिए वहाँ सन्नाटा छा गया और फिर एक-एक कर हाथ उठने लगे। एक नौजवान अफसर खड़ा हुआ और उसने मुझे गर्मजोशी से सैल्यूट किया। फिर उसने ऊँची आवाज में कहा, "सर, जब भी मैं हिमालय पर चीनियों को देखता हूँ तो मुझे तवांग का दौरा याद आता है। मेरी सबसे बड़ी इच्छा है कि मैं चीनियों के किसी भी आक्रमण का मुकाबला करूँ और उन्हें परास्त करूँ।"

एक और अफसर ने कहा, "सर, जीवन में मेरा लक्ष्य है कि मैं उस 50,000 वर्ग किलोमीटर के भूभाग को फिर से हासिल करूँ, जिस पर चीनियों

का कब्जा है। मैं उस जमीन को वापस लाने के लिए अपनी अंतिम साँस तक लड़ूँगा।'' उसकी बातों को सुनकर वहाँ इकट्ठा हुए स्थानीय लोग जोश में आ गए और 'जय हिंद! जय हिंद!' का घोष गूँजने लगा।

मैं अफसरों, जवानों और स्थानीय लोगों के जज्बे को देखकर हैरान था कि उनमें अपने राष्ट्र के प्रति कितना समर्पण है। मुझे पूर्ण विश्वास है कि आप में से भी हर एक के दिल में ऐसी कोई ख्वाहिश होगी, जिसे आप अपने देश की सेवा करते हुए पूरा करना चाहते होंगे।

□

जो दूर हैं, उन तक पहुँचना*

मैं एक प्रेरक कहानी आप सबके साथ साझा करना चाहता हूँ कि कैसे पिछले बीस वर्षों से एक डॉक्टर ने अकेले अपने सारे सपनों और प्रयासों की मदद से कर्नाटक के जनजातीय लोगों को मुख्यधारा में लाने का काम किया। उन्होंने अपने प्रयासों का माध्यम दक्षिण कर्नाटक के बी.आर. हिल्स स्थित विवेकानंद गिरिजन कल्याण केंद्र को बनाया। मैं जब सन् 1998 में बी.आर. हिल्स गया और फिर 2006 में वहाँ का दौरा किया तो देखा कि उस इलाके में कई नए बदलाव आए हैं। मैंने देखा कि जनजातीय लोगों के लिए एक नया अस्पताल बनाया गया है। सड़कों और शिक्षा के साथ ही सबसे महत्त्वपूर्ण बात यह दिखी कि तकनीकी संसाधन केंद्र को आधार बनाकर जनजातीय लोगों की आय अर्जित करने की क्षमता को बढ़ाया गया है। डॉ. एच. सुदर्शन सामाजिक परिवर्तन के एक प्रेरक कर्ता-धर्ता हैं।

डॉ. सुदर्शन जब केवल बारह वर्ष के थे, तब उनके पिता की मृत्यु गाँव में स्वास्थ्य सुविधा के अभाव के कारण हो गई थी। कुछ ही समय बाद डॉ. सुदर्शन ने डॉ. अल्बर्ट स्वीट्जर की जीवनी पढ़ी, जिन्होंने दक्षिण अफ्रीका में काम किया था और जिसने डॉ. सुदर्शन को चिकित्सा के पेशे को अपनाने तथा भारत के जनजातीय क्षेत्रों में कार्य करने की प्रेरणा दी। डॉ. सुदर्शन को अपने काम करने की शैली के लिए स्वामी विवेकानंद के उपदेशों से प्रेरणा मिली।

---

* एम.बी. आरोग्य ग्रामम् प्राइमरी हेल्थकेयर और एम.बी. ग्लोबल हेल्थ विलेज प्रोजेक्ट के आरंभ पर संबोधन महबूबनगर, 29 मार्च, 2013

डॉ. सुदर्शन अपने दिन की शुरुआत सुबह 4.30 बजे योग और ध्यान से करते हैं, जिसके बाद जनजातीय स्कूल के बच्चों के साथ प्रार्थना में शामिल होते हैं। सुबह 7.30 बजे नाश्ता करने के बाद लगभग एक घंटे तक वह प्रशासनिक काम-काज निपटाते हैं। सुबह 9 बजे से दोपहर 1 बजे तक वे वार्ड का दौरा करते हैं और व्यक्तिगत रूप से मरीजों को देखते हैं। वे जनजातीय छात्रों के साथ दोपहर 1 और 2 बजे साथ बैठकर लंच करते हैं। शाम 7 बजे तक वे अपने क्लीनिक में व्यस्त रहते हैं, जहाँ छोटी-मोटी सर्जरी भी करते हैं। इसके बाद करीब डेढ़ घंटे तक वे कुछ और प्रशासनिक कार्यों को निपटाते हैं और फिर जनजातीय छात्रों के साथ रात का खाना खाते हैं। वे रात 9 से 10 बजे के बीच एक घंटे का वक्त नियमित रूप से पढ़ने में लगाते हैं, जिससे कि मेडिकल सिस्टम समेत अन्य विषयों पर उनके पास एकदम ताजा जानकारी रहे। वह अपना काफी समय चिकित्सकीय जाँच, प्रयोगशाला संबंधी जाँच और इलाज में लगाते हैं। इसके साथ ही वे पर्यवेक्षण, निगरानी, पढ़ाने और अपने सहयोगियों के साथ मिलकर रिसर्च में भी जुटे रहते हैं। डॉ. सुदर्शन अपना ध्यान विशेष रूप से जनजातीय लोगों से जुड़ी खास समस्याओं जैसे—साँप के काटने, भालुओं के हमले, निमोनिया, तपेदिक और साँस की गंभीर बीमारियों से निपटने पर लगाते हैं। दक्षिण कर्नाटक के जनजातीय लोग लाल रक्त कोशिकाओं की कमी की बीमारी से पीड़ित रहते हैं, अत: डॉ. सुदर्शन ने एक कम कीमतवाली इलेक्ट्रोफोरेसिस (वैद्युत्कण संचलन) मशीन ईजाद की है, जिससे इस बीमारी का पता लगाया जा सकता है। उन्होंने अपनी स्वास्थ्य सेवा की प्रणाली को जनजातीय क्षेत्रों में उपलब्ध महत्त्वपूर्ण पारंपरिक ज्ञान के आधार पर विकसित किया है। उनकी सेवा का गुप्त मंत्र यह है कि वह लोगों को जानकारी देकर अपने स्वास्थ्य का प्रबंधन स्वयं करने की शक्ति दे रहे हैं। उन्होंने जनजातीय लड़कियों को सहायक नर्सों और दाइयों के रूप में प्रशिक्षित कर जनजातीय उप-केंद्रों में पद-स्थापित किया है। उन नर्सों को 18 महीने का कोर्स करना पड़ता है और इस दौरान वे पूर्ण प्रशिक्षित हो जाती हैं। इस प्रकार, यह ग्रामीण इलाका अपने आप में नर्सिंग

संसाधनों की दृष्टि से आत्मनिर्भर है। डॉ. सुदर्शन ने प्राथमिक स्वास्थ्य सेवा केंद्र (पी.एच.सी.) में मिर्गी के लिए कम कीमतवाली एक प्रबंधन प्रणाली भी तैयार की है। उन्होंने पी.एच.सी. में दंत स्वास्थ्य और कैंसर नियंत्रण की सुविधा भी शुरू की है। गरीबी रेखा से नीचे के लोगों के लिए उन्होंने कम प्रीमियम पर स्वास्थ्य बीमा योजना का भी आरंभ किया है। उनका कहना है कि मेडिकल कॉलेजों में छात्रों को यह शिक्षा दी जानी चाहिए कि वे बीमारों के प्रति सहानुभूति रखें। उन्हें गरीबों के इलाज के अपने तरीके में भी बदलाव लाना चाहिए, जो महँगी चिकित्सा का खर्च नहीं उठा सकते हैं। चिकित्सा शिक्षा का उद्देश्य ऐसा होना चाहिए कि चिकित्सा तकनीक का इस्तेमाल कर सबसे उचित मूल्य पर गरीबों को बेहतर स्वास्थ्य सेवा मुहैया कराई जाए। डॉ. सुदर्शन कहते हैं कि उन्हें सबसे बड़ी खुशी तब मिली थी, जब उन्होंने एक ऐसे मरीज को जीवनदान दिया था, जब उसके फेफड़े और दिल ने काम करना बंद कर दिया था। उन्हें तब भी आनंद मिलता है, जब वे देखते हैं कि मोतियाबिंद के ऑपरेशन के बाद चेहरे पर मुसकराहट और आँखों की अच्छी रोशनी लिये गरीब मरीज उनके अस्पताल से जाते हैं। देश को हजारों डॉ. सुदर्शनों की जरूरत है, जो हमारे गाँवों में बसे लोगों को बेहतर स्वास्थ्य सुविधाएँ मुहैया करा सकें।

□

जहाँ विज्ञान और आध्यात्मिकता का संगम है*

धर्म के दो घटक होते हैं—धर्मशास्त्र और आध्यात्मिकता। अधिकांश धर्मों के धर्मशास्त्र अपने-अपने रूप में विशिष्ट होते हैं, जबकि आध्यात्मिकता वह होती है, जो उन गुणों का प्रसार करती है, जिनकी सहायता से मनुष्य अपने जीवन को बेहतर बनाते हैं और भौतिक जीवन जीने के साथ ही समाज का भी कल्याण करते हैं। मैं अपना एक अनुभव साझा कर यह बताना चाहता हूँ कि कैसे एक बड़े अभियान में धर्म और विज्ञान एक साथ आए।

मुझे प्रो. विक्रम साराभाई के साथ काम करने का सौभाग्य मिला, जो भारतीय अंतरिक्ष अनुसंधान कार्यक्रम के संस्थापक थे। उनके साथ मैंने लगभग आठ वर्षों तक काम किया। 1960 के दशक की शुरुआत में प्रो. साराभाई ने तमाम विकल्पों पर विचार करने के बाद अपनी टीम के साथ मिलकर अंतरिक्ष शोध के लिए तकनीकी रूप से एक सबसे उपयुक्त जगह का चुनाव किया था। केरल में थुंबा के नाम से जाना जानेवाला वह स्थान इस कारण अंतरिक्ष शोध के लिए चुना गया था, क्योंकि वह चुंबकीय भूमध्य रेखा के निकट था, जो ऊपरी वायुमंडल में आयनमंडलीय और इलेक्ट्रोजेट अनुसंधान के लिए आदर्श होता है।

प्रो. साराभाई के सामने उस इलाके में जगह हासिल करने की जिम्मेदारी

---

* यूरोपीय संसद् को संबोधन, स्ट्रासबॉर्ग, फ्रांस, 25 अप्रैल, 2007।

थी। जैसा कि सामान्यतया होता है, सबसे पहले प्रो. साराभाई ने केरल सरकार के प्रशासकों से संपर्क किया। उस भूमि की पूरी पड़ताल के बाद यह कहा गया कि वहाँ हजारों मछुआरे रहते हैं और उस जगह पर सेंट मेरी नामक प्राचीन चर्च है, बिशप का घर है और एक स्कूल भी है। इसलिए, वह जमीन दे पाना बहुत मुश्किल होगा। लेकिन किसी दूसरी जगह पर वे जमीन उपलब्ध कराने को तैयार थे।

इसी प्रकार, राजनीतिक नेतृत्व को भी लगा कि महत्त्वपूर्ण संस्थानों के स्थित होने से समस्या आ सकती है और फिर उनकी चिंता वहाँ बसे लोगों को लेकर भी थी। हालाँकि यह कहा गया कि प्रो. साराभाई को सिर्फ एक व्यक्ति सही सलाह और मदद दे सकता है। वे और कोई नहीं, पादरी फादर बर्नार्ड परेरा थे, जो वहाँ के बिशप थे।

प्रो. साराभाई ने एक दिन शनिवार की शाम फादर से मुलाकात की। वह दिन मुझे आज भी याद है। दोनों के बीच की मुलाकात ऐतिहासिक साबित हुई। हममें से कई उसके गवाह बने। फादर परेरा ने कहा, ''ओह विक्रम, तुम मेरे बच्चों की, मेरी और ईश्वर की जगह को माँग रहे हो। यह कैसे संभव है?'' हालाँकि दोनों हस्तियों में संकट के समय भी मुसकराने की एक अद्‌भुत क्षमता थी। फादर परेरा ने प्रो. साराभाई को रविवार की सुबह 9 बजे चर्च आने को कहा। प्रो. साराभाई अपनी टीम के साथ रविवार को चर्च पहुँचे। उस समय फादर परेरा 'बाइबल' से उद्धरणों को पढ़कर सुना रहे थे। जब प्रार्थना समाप्त हुई, तब माननीय पादरी ने प्रो. साराभाई को मंच पर बुलाया। उन्होंने लोगों से उनका परिचय कराया।

''प्यारे बच्चो, ये एक वैज्ञानिक हैं—प्रो. विक्रम साराभाई। वैज्ञानिक क्या करते हैं? हम सब जानते हैं, वह प्रकाश, जो बिजली से मिलता है। मैं आपसे इस माइक के जरिए बात कर पा रहा हूँ, क्योंकि तकनीक ने इसे संभव बनाया है। मरीजों की जाँच और उनका इलाज डॉक्टरों द्वारा मेडिकल साइंस के जरिए होता है। तकनीक की मदद से विज्ञान मानव जीवन को सुविधा और गुणवत्ता प्रदान करता है। एक पादरी के रूप में मैं क्या करता हूँ? मैं

आपके लिए प्रार्थना करता हूँ—आपकी भलाई व सुख-शांति के लिए। संक्षेप में कहूँ, तो जो विक्रम कर रहे हैं और जो मैं कर रहा हूँ, दोनों ही समान हैं। विज्ञान और आध्यात्मिकता दोनों ही मनुष्य के तन और मन की समृद्धि की कामना करते हैं। प्यारे बच्चो, विक्रम का कहना है कि वह एक वर्ष के भीतर हमारे लिए समुद्र तट पर वैकल्पिक व्यवस्था करवा देंगे। अब बच्चो, क्या हम तुम्हारे घर, मैं अपना घर, ईश्वर का घर एक महान् वैज्ञानिक अभियान के लिए दे सकते हैं?''

यह सुनते ही वहाँ एकदम सन्नाटा पसर गया। फिर चर्च का एक-एक व्यक्ति उठ खड़ा हुआ और सबने कहा, ''आमेन!'' और पूरी इमारत उस आवाज से गूँज उठी। यह वही चर्च था, जहाँ हमने अपना डिजाइन सेंटर बनाया, जहाँ हमने रॉकेट तैयार करना शुरू किया और बिशप का घर हमारे वैज्ञानिकों के काम करने की जगह बना। आगे चलकर थुंबा इक्वेटोरियल रॉकेट लॉञ्चिंग स्टेशन की जगह 'विक्रम साराभाई अंतरिक्ष अनुसंधान केंद्र बना, जहाँ शुरू हुई अंतरिक्ष से जुड़ी गतिविधियों ने देश के विभिन्न हिस्सों में अंतरिक्ष केंद्रों' की स्थापना का मार्ग प्रशस्त किया। अब यह चर्च एक महत्त्वपूर्ण शिक्षण केंद्र बन गया है, जहाँ हजारों लोग भारत के अंतरिक्ष कार्यक्रम के प्रगतिशील इतिहास के बारे में जानते हैं और उनका परिचय एक वैज्ञानिक और एक आध्यात्मिक गुरु की महान् सोच से भी होता है। बेशक, थुंबा के निवासियों को सही समय पर, एक वैकल्पिक स्थान पर सारी सुविधाएँ मिलीं, प्रार्थना का स्थल मिला और एक शिक्षण संस्थान भी मिला।

मैं जब उस घटना के विषय में सोचता हूँ तो मुझे लगता है कि कैसे प्रबुद्ध आध्यात्मिक और वैज्ञानिक गुरु मिलकर मनुष्य जीवन का उद्धार कर सकते हैं। आज प्रो. साराभाई हम सबके बीच नहीं हैं, पादरी परेरा भी नहीं हैं; लेकिन वे, जो फूलों की सृष्टि करने और उन्हें खिलाने वाले हैं, वे स्वयं उस अलग किस्म के फूल होंगे, जिनका वर्णन 'भगवद्गीता' में किया गया है, 'उस फूल को देखो, वह कितनी उदारता से अपनी सुगंध और शहद को फैलाता है। उसे सभी को देता है, प्रेम से अनमोल भेंट के रूप में देता है।

उसका कार्य जब पूर्ण हो जाता है, तब वह चुपचाप मुरझाकर गिर जाता है।' उस फूल के जैसा ही बनने का प्रयास करो, जो अपने सारे गुणों के बावजूद विनम्र बना रहता है।

□

हरियाली को अपनाओ*

स्वच्छ राष्ट्र की शुरुआत एक स्वच्छ घर से होती है, लेकिन कैसे? एक स्वच्छ घर के कारण गलियाँ और सड़कें साफ रहती हैं। स्वच्छ गलियों और सड़कों के कारण गाँव और शहर स्वच्छ रहते हैं। स्वच्छ गाँवों और शहरों के कारण स्वच्छ जिले और फिर पूरा राज्य स्वच्छ हो जाता है। एक स्वच्छ राज्य से एक स्वच्छ राष्ट्र बनता है। आप जहाँ कहीं हों, कुछ भी कर रहे हों, आप पर्यावरण में निश्चित रूप से अंतर ला सकते हैं। यह घर, स्कूल या कॉलेज में या फिर काम की जगह या सड़क पर चलते हुए या बगीचे में टहलते हुए भी हो सकता है। चलिए, मैं आपको हरे-भरे पर्यावरण के विकास से जुड़ी एक कहानी सुनाता हूँ।

दो दशक पहले मैं रक्षा अनुसंधान और विकास संगठन (DRDO) में काम कर रहा था, जहाँ मेरी जिम्मेदारी मिसाइल रेंज स्थापित करना और लंबी दूरी की मिसाइल 'अग्नि' को तैयार करना था। एक मिसाइल रेंज उड़ीसा के चाँदीपुर में था। चाँदीपुर समुद्र-तट के पास एक सुंदर सी जगह है। मुझे समुद्र देखकर हमेशा ही खुशी मिलती है, क्योंकि मैं एक द्वीप पर जनमा और पला-बढ़ा था। समुद्र-तट की सुंदरता के बावजूद चाँदीपुर में एक चीज थी, जिसकी मुझे हमेशा एक कमी महसूस होती थी। पूरी मिसाइल रेंज एकदम बंजर नजर आती थी। जहाँ कहीं संभव था, सैकड़ों पेड़ लगाए गए; लेकिन

---

* वी.ए.ओ.एच.ओ. विश्वामित्र अभियान, वडोदरा में शामिल छात्रों को संबोधन, 10 अगस्त, 2013।

वह क्षेत्र इतना बड़ा था कि वह प्रयास भी अपर्याप्त लगा और पूरा इलाका अब भी बंजर नजर आता था। चाँदीपुर को हरा-भरा बनाना एक चुनौती बन गया।

मई 1989 में चाँदीपुर मिसाइल रेंज की व्यस्तता बढ़ गई। 'अग्नि-I' के लॉञ्च की उल्टी गिनती चालू थी और हममें से कई दिन-रात कई दिनों तक काम कर रहे थे—सच में कई दिनों तक। हमारे सामने अनेक तकनीकी समस्याएँ और भौगोलिक व राजनीतिक दबाव थे, जिसके चलते वैज्ञानिकों के साथ ही और राजनीतिक गलियारों में तनाव था। लॉञ्च के दिन सारी बड़ी हस्तियाँ चाँदीपुर पहुँच चुकी थीं और सब मेरी तकनीकी टीम के साथ थे। अगली सुबह के लॉञ्च का काउंटडाउन जब जारी था, तब रक्षा मंत्री के. सी. पंत, डॉ. अरुणाचलम (रक्षा मंत्री के वैज्ञानिक सलाहकार) और मैं सुंदर समुद्र तट पर स्थित मिसाइल रेंज में काम कर रहे थे। पूर्णिमा की रात थी। चाँदीपुर में होनेवाले लॉञ्च की हमारी चिंता सकारात्मक सोच में बदल गई। रक्षा मंत्री कह रहे थे कि 'अग्नि-I' के लॉञ्च के बाद क्या हो सकता है।

हम टहल रहे थे कि अचानक रक्षा मंत्री मेरी ओर मुड़े और कहा, ''कलाम, मुझे पूरा यकीन है कि कल के अग्नि-I का लॉञ्च सफल होगा। बताओ, तुम्हें मुझसे क्या चाहिए?'' मैं हैरान रह गया। समझ नहीं आ रहा था कि उनसे क्या माँगूँ। सहसा मेरे अंतर्मन में चूँकि वह बात चल रही थी, इसलिए मेरे मुँह से निकल गया, ''सर, क्या आप चाँदीपुर मिसाइल रेंज में 1,00,000 पेड़ लगाने का आदेश दे सकते हैं?'' एकदम सन्नाटा छा गया। फिर मंत्रीजी ने कहा, ''वाह, कितना शानदार सुझाव है! तुम जितने चाहो, मैं उतने पेड़ लगवाने के आदेश दे सकता हूँ।''

आज, चाँदीपुर रेंज पेड़ों से भरा है और बहुत सुंदर नजर आता है। उसके लिए जो बजट निर्धारित किया गया था, उससे भू-जल और वर्षा के जल का प्रयोग करते हुए हमने एक अप्राकृतिक झील भी बनाई। आज वह झील एक आकर्षक स्थल है, क्योंकि सर्दियों में दुनिया के अनेक स्थानों से पक्षी यहाँ आते हैं। मैं 1,00,000 पेड़ों को लगाए जाने की उस घटना को याद कर हर्षित हो जाता हूँ। उस झील के निर्माण से मुझे खुशी मिलती है,

क्योंकि मेरे लिए वह जीवन की सबसे अद्‍भुत घटनाओं में से एक है। बेशक, आगे चलकर 'अग्नि-I' के लॉञ्च ने एक ऐसे द्वीपीय मिसाइल रेंज को जन्म दिया, जो पेड़ों से हरा-भरा है और जहाँ कछुए विचरण करते हैं। द्वीप पर बड़ी संख्या में पेड़-पौधों के साथ ही हम उन कछुओं को देख सकते हैं, जो एकांत क्षेत्र में अंडे देते हैं। हमारे द्वीप के संरक्षित पर्यावरण में कछुओं को अंडे देते और उनमें से निकले बच्चों को समुद्र की ओर जाते देखना एक अद्‍भुत अनुभव कराता है।

□

भारतीय नौसेना–एक शांत बल*

'मेरा ध्वज ही मेरा जीवन है' विषय पर मैं अपने कुछ विचार आपके साथ साझा करना चाहता हूँ। वर्ष 2002 से 2007 तक मैं सैन्य बलों का सुप्रीम कमांडर था। उस लिहाज से मैं सदैव यह जानने के लिए उत्सुक रहता था कि हमारी सेनाएँ किस माहौल में काम करती हैं, उनकी तैयारी कैसी है और उनकी समस्याएँ व चुनौतियाँ कहाँ हैं।

13 फरवरी, 2006 को मैंने नौसैनिक पनडुब्बी 'आई.एन.एस. सिंधु रक्षक' में पानी के अंदर सफर किया। उस पनडुब्बी में मैं टावर के निचले ढक्कन से दाखिल हुआ और करीब 10 मीटर तक नीचे उतरा। पनडुब्बी ने सतह से करीब 30 मीटर नीचे डुबकी लगाई और तेजी से आगे बढ़ने लगी। एक सँकरे से गोलाकार दरवाजे से, जिसका व्यास लगभग 1 मीटर का था, मैं पनडुब्बी के कंट्रोल रूम में दाखिल हुआ। चालक दल ने मुझे पनडुब्बी की कार्य-प्रणाली की जानकारी दी। उन्होंने उसे चलाने की प्रक्रिया और उछाल पर नियंत्रण रखने से संबंधित बातों का वर्णन पूरे उत्साह के साथ किया। नौसेना प्रमुख और युवा नाविकों एवं अफसरों के साथ पनडुब्बी का वह सफर मेरे लिए रोमांचित करनेवाला अनुभव था। उस समीक्षा के दौरान मुझे पानी के नीचे काम करनेवाली संचार प्रणाली, लक्ष्य की पहचान के तरीके और हमले की प्रक्रिया दिखाई गई। इसके बाद एक टॉरपीडो या एक मिसाइल

---

* आर्मी स्कूल के सैन्य अधिकारी, परिवार और छात्रों तथा केंद्रीय विद्यालय में संबोधन, जबलपुर, 11 जुलाई, 2011

को दागकर पानी के अंदर मौजूद इस शांत बल की युद्धक क्षमता का प्रदर्शन किया गया। टारगेट का पता लगाना, सोनार डाटा से सिग्नेचर एनालिसिस, टॉरपीडो लॉञ्च और उसे वापस सही जगह पर लाने का प्रदर्शन किया गया। अब मैं पानी के अंदर लड़े जानेवाले युद्ध की जटिलताओं को समझ गया था। मैं वहाँ से शस्त्रागार कंपार्टमेंट में पहुँचा, जहाँ टॉरपीडो रखे जाते हैं। उस कंपार्टमेंट से पनडुब्बी का अगला हिस्सा जुड़ा होता है, जहाँ टॉरपीडो को दागने से पहले पानी भरा जाता है। फिर मैं अनेक कंपार्टमेंट से होता हुआ पनडुब्बी के पिछले हिस्से तक गया, ताकि डीजल इंजन आधारित प्रोपल्शन सिस्टम और इलेक्ट्रिक ड्राइव को देख सकूँ। मैं उस पनडुब्बी में तैनात 90 अफसरों और नाविकों से मिला। सभी व्यस्त मधुमक्खियों की तरह अपने काम में जुटे थे। उनका काम आसान नहीं था, लेकिन उन्हें अपने चुनौतीपूर्ण अभियान पर गर्व था। हम एक छोटे से कमरे में पहुँचे, जहाँ सात लोग आ सकते थे। हमने स्वादिष्ट शाकाहारी लंच किया। मुझे भविष्य में पनडुब्बियों के निर्माण को लेकर एक प्रस्तुति दी गई और बताया गया कि अगले तीस वर्षों की योजना क्या है। वह पनडुब्बी पानी के भीतर लगभग तीन घंटे की यात्रा करने के बाद समुद्र तल पर आने के लिए तैयार थी। उसके लिए प्रक्रिया शुरू हुई और पनडुब्बी सतह पर आ गई और समुद्र-तट की दिशा में बढ़ने लगी। मैं सीढ़ियों से उस टावर तक पहुँचा। मैं अपने पीछे जमीन और समुद्र को देख रहा था। पानी के नीचे की वह यात्रा अविस्मरणीय थी। हमारी नौसेना बेशक बहुआयामी है, जो पानी के भीतर, पानी की सतह पर और पानी के ऊपर कार्य करती है।

उस पनडुब्बी पर तैनात नाविकों और अफसरों की ओर से प्रदर्शित उच्च मनोबल प्रशंसनीय और प्रेरक है।

□

एक प्राचीन भूमि*

रामेश्वरम मंदिर के इष्ट देवता एक शिवलिंग के रूप में हैं, जिन्हें 'रामनाथ' कहा जाता है और वह बारह ज्योतिर्लिंगों में से एक हैं। मैं रामेश्वरम के विषय में कुछ बातें कहने से अपने आपको रोक नहीं पा रहा हूँ, क्योंकि मैं वहीं जनमा और पला-बढ़ा था। साथ ही रामेश्वरम से मेरा आज भी एक सहोदर संबंध है। मेरे चौरानबे वर्षीय भाई वहाँ अपने परिवार के साथ रहते हैं, जिनमें उनके अनेक पौत्र-परपौत्र शामिल हैं। मेरे भाई रामेश्वरम के समाज का एक अभिन्न अंग हैं।

रामेश्वरम के साथ जुड़ी एक ऐतिहासिक कहानी का संबंध विख्यात भारतीय महाकाव्य 'रामायण' से है। श्रीराम की ओर से छेड़े गए महायुद्ध का परिणाम रावण के वध और सीता के लौटने के रूप में सामने आया। यह उच्च धार्मिक सिद्धांतों पर आधारित था। पुरुषोत्तम राम प्रकांड वैदिक विद्वान् रावण का वध करने के जिम्मेदार थे। रावण की हत्या के पाप से अपनी शुद्धि के लिए राम को भगवान् शिव की एक विशेष पूजा करनी थी। राम ने हनुमान से एक शिवलिंग लाने को कहा। अपने महान् गुणों के लिए प्रसिद्ध हनुमान कैलास चले गए और स्वयं शिव से दो लिंग माँग लिये। लेकिन एक मुश्किल थी। वह पूजा पूर्व निर्धारित शुभ मुहूर्त में की जानी थी। चूँकि हनुमान को आने में देर हो रही थी, इसलिए सीताजी ने रेत से वहाँ एक लिंग बना दिया और शुभ लग्न में पूजा संपन्न हो गई। जब हनुमान दो सुंदर लिंग लेकर

* हिंदुत्व : एक परिचय के शुभारंभ पर संबोधन अक्षरधाम मंदिर, नई दिल्ली,1 जुलाई, 2011।

आए, जो स्वयं भगवान् शिव ने दिए थे, तो उन्होंने देखा कि राम अपनी पूजा समाप्त कर चुके हैं। उन्हें क्रोध आ गया और उन्होंने रेत के लिंग को हटाकर दैवी लिंगों को स्थापित करने का प्रयास किया। किंतु हनुमान अपनी विख्यात शक्ति के बावजूद उस कमजोर दिखनेवाले लिंग को नहीं हटा सके। जल्दी ही हनुमान थककर उदास बैठ गए। राम ने हनुमान से कहा कि उस दिन की उनकी पूजा समाप्त हो चुकी है, फिर भी भविष्य में लोग पहले उनके लाए दोनों लिंगों की पूजा करेंगे, उसके बाद ही वे उस रामलिंगम् की पूजा करेंगे, जिसे सीता और राम ने स्थापित किया था। रामेश्वरम की वह परंपरा आज भी चली आ रही है।

यह कहानी हमें शिक्षा देती है कि एक पुरुषोत्तम भी किसी विद्वान् के विरुद्ध किए गए अपने कर्म से मुक्त नहीं हो पाता है। यह समय के महत्त्व तथा नेतृत्व करनेवाले के बड़प्पन और विनम्रता पर भी जोर देता है।

□

सुंदरता की संस्कृति*

मेरा मानना है कि किसी युवा के मन में शिक्षा की चाहे कैसी भी आकांक्षा क्यों न हो, साहित्य और मानविकी को पाठ्यक्रम का हिस्सा जरूर होना चाहिए। हमारे जीवन में साहित्य का महत्त्व व्याख्या के लिए बना रहता है। साहित्य मन को शाश्वत रूप से समृद्ध बनाता है।

वर्ष 2005 में, जब मैं भारत का राष्ट्रपति था, तब मैंने सिक्किम, असम, मेघालय और मिजोरम के पूर्वोत्तर राज्यों का दौरा किया। मुझे पूर्वोत्तर की भाषाओं में लिखने-पढ़नेवाली अनेक हस्तियों और विचारकों से मिलने का अवसर मिला। उन्होंने समाज को अनेक साहित्यिक रचनाओं और सांस्कृतिक कार्यक्रमों की भेंट दी है। मिजोरम में संगीत और नृत्य की एक अनोखी प्रस्तुति को देखकर मैं भाव-विभोर हो गया था। सिक्किम में भी मैंने उस एकजुट समाज में तीन जातियों की संस्कृति का एक संगम देखा, जिनमें नेपाली, भूटिया और लेप्चा शामिल हैं।

संगीत और नृत्य इतना सशक्त और सुंदर था कि हम सब यह देखकर खुश थे कि विभिन्न संस्कृतियों के बावजूद सबकी सोच में एकजुटता थी, जबकि समाज में सामान्य रूप से आपसी मतभेद ही देखने को मिलता है। मिजोरम में कुछ ऐसा हुआ, जो उस क्षेत्र के सांस्कृतिक लोकाचार को दरशाता है। सामान्य रूप से शाम 4 बजे के बाद मिजोरम की राजधानी आइजोल से कोई भी विमान उड़ान नहीं भरता है। चूँकि मुझे आइजोल में रात 9 बजे तक

* साहित्य अकादेमी में संवत्सर व्याख्यान, नई दिल्ली, 16 फरवरी, 2011।

काम था और उसी रात दिल्ली लौटना था, इसलिए भारतीय वायु सेना ने देर हो जाने के बावजूद आइजोल से मेरे रवाना होने का इंतजाम किया, जिसमें कुछ अस्थायी रात के समय उड़ान भरने की सुविधा का इस्तेमाल किया गया।

मैं अपनी टीम के साथ एयरपोर्ट पहुँचा, जहाँ मंत्री और अन्य अधिकारी मौजूद थे। केवल विमान की लाइट जल रही थी और उस अँधेरे में मैंने एक अद्‌भुत दृश्य देखा। विमान के करीब कुछ दूरी पर गायकों का एक समूह अपने वाद्यों के साथ खड़ा था। उन्होंने मुझे जैसे ही देखा, मेरी विदाई को भव्य बनाने के लिए मिजो कवि रुकुंगा लिखित गीत को गाना शुरू कर दिया।

कविता का शीर्षक था 'विदाई की दुनिया'।

भरे और भारी दिल से हम ले रहे हैं विदा,
हमारे इस जहाँ में विदाई का दस्तूर है,
जिसे तय किया है उस पिता ने जो बैठा वहाँ दूर है
मगर हमें इस संसार से भी सुंदर जहान मिलेगा
जहाँ विदाई का दर्द नहीं, है वो शहर जनम-जनम का।

सांस्कृतिक विविधतावाले हमारे इस विशाल देश में उनकी सोच में एकजुटता, धुन में घुली भावुकता और उसके लेखक की साहित्यिक शक्ति ने मेरे मन को छू लिया।

□

कुछ अच्छे लोग*

मैं जब पीटरमारिट्सबर्ग रेलवे स्टेशन पर खड़ा था, तब मेरे मन में दो विचार घूम रहे थे, जिनका अनुभव मैंने दक्षिण अफ्रीका में किया था। एक का संबंध रॉबेन द्वीप से था, जहाँ डॉ. नेल्सन मंडेला को 26 वर्षों तक एक छोटी सी कोठरी में कैद रखा गया था और दूसरी बात उनके घर से जुड़ी थी।

केपटाउन अपने टेबल माउंटेन के लिए मशहूर है। इसकी तीन चोटियाँ हैं, जिन्हें टेबल पीक, डेविल पीक और फेक पीक कहा जाता है। वहाँ दिन भर बेहद खूबसूरत नजारा रहता है। कभी वह काले बादलों से ढक जाता है तो कभी सफेद बादलों के आगोश में लिपटा रहता है। टेबल माउंटेन अटलांटिक समुद्र-तट के बहुत करीब है और मैं केपटाउन से हेलिकॉप्टर से उड़ान भरता हुआ महज दस मिनट में रॉबेन द्वीप पहुँच गया था। हम जब द्वीप पर पहुँचे तो समुद्र की गर्जना के सिवाय पूरा द्वीप एकदम शांत था और एक विचार पैदा कर रहा था—यही वह स्थान है, जहाँ व्यक्तियों की स्वतंत्रता को बेड़ियों में जकड़ा गया था।

अहमद कथर्डा, जो एक दक्षिण अफ्रीकी थे और जिन्हें डॉ. नेल्सन मंडेला के साथ ही बंदी बनाया गया था, उन्होंने द्वीप पर हमारा स्वागत किया। मैं सबसे ज्यादा दंग उस कमरे की दशा को देखकर था, जहाँ सोने से लेकर

---

* 50वें राष्ट्रीय नौवहन दिवस समारोह के अवसर पर प्रथम अभिभाषण श्रृंखला में संबोधन, गोवा, 10 दिसंबर, 2012।

अन्य सारी मानवीय आवश्यकताओं को पूरा करना था। हमें यह नहीं भूलना चाहिए कि डॉ. मंडेला, जिनका कद छह फीट था, उन्हें रंगभेद के खिलाफ संघर्ष करने के कारण उस कमरे में 26 वर्षों तक कैद करके रखा गया था।

इसी द्वीप पर उनके जीवन का एक बड़ा हिस्सा बीत गया। उन्हें हर दिन उस कोठरी से कुछ घंटों के लिए पास की पहाड़ी पर स्थित खदान में पत्थर तोड़ने के लिए ले जाया जाता था। चिलचिलाती धूप में काम करने से उनकी आँखों की रोशनी कमजोर पड़ गई। शारीरिक तौर पर असहनीय यातना झेलने के बावजूद उन्होंने दुनिया को दिखाया कि उनमें अदम्य साहस है। यही वक्त था, जब उन्होंने हर दिन स्वतंत्रता को लेकर एकदम छोटे–छोटे अक्षरों में एक पांडुलिपि की रचना शुरू की। जेल के वार्डनों के सो जाने के बाद वे लिखने बैठते थे। सूक्ष्म अक्षरोंवाली पांडुलिपि आखिर में उनकी प्रसिद्ध पुस्तक 'ए लॉन्ग वॉक टू फ्रीडम' के नाम से दुनिया के सामने आई।

डॉ. मंडेला से जोहानिसबर्ग स्थित उनके घर में मिलना मेरे लिए बहुत बड़े सौभाग्य की बात थी। छियासी वर्ष के उस इनसान ने खिली हुई मुसकान के साथ पूरे दिल से अत्यंत भावुक कर देनेवाला स्वागत किया था। मैं जब डॉ. नेल्सन मंडेला के घर में दाखिल हुआ तो देखा कि उस महामानव के चेहरे पर एक प्रसन्नता थी, जिसने दक्षिण अफ्रीका को रंगभेद के जुल्मों से आजादी दिलाई। मैं जब विदा ले रहा था, तब वह अपने पोर्टिको तक आए। चलते समय उन्होंने अपनी छड़ी को किनारे रख दिया और मेरे कंधे ने उन्हें सहारा दिया।

मैंने उनसे पूछा, "डॉ. मंडेला, क्या आप मुझे दक्षिण अफ्रीका में रंगभेद–विरोधी आंदोलन के अग्रदूतों के नाम बता सकते हैं ?" उन्होंने पलक झपकते ही जवाब दे दिया, "बेशक। दक्षिण अफ्रीका के स्वतंत्रता आंदोलन के महान् अग्रदूतों में से एक थे एम.के. गांधी। भारत ने हमें एम.के. गांधी दिया और दो दशक बाद हमने आपको 'महात्मा गांधी' लौटाया। महात्मा गांधी अहिंसा के एक मसीहा थे।"

यही है भारत की परंपरा। यानी हम जिस राष्ट्र में जाते हैं, उसे समृद्ध

बनाते हैं। यही हमारा सबसे महत्त्वपूर्ण दायित्व होता है। किसी राष्ट्र को समृद्ध बनाना केवल आर्थिक दृष्टिकोण तक ही सीमित नहीं होता, बल्कि उस राष्ट्र को ज्ञान से, परिश्रम से और सबसे अधिक सम्मान व गरिमा से सुशोभित करना होता है।

□

सबकी प्रसन्नता*

मैं एथेंस के दुर्ग की चढ़ाई कर रहा था कि तभी मेरी मुलाकात 150 ग्रीक छात्रों से हुई। मुझे देखते ही उनके चेहरे पर तत्काल एक मुसकान आ गई। शिक्षकों ने आगे आकर छात्रों से मेरा परिचय कराया। उन्होंने कहा कि वे भारतीय राष्ट्रपति को देखकर बहुत खुश हैं और बच्चे चाहेंगे कि मैं उनके लिए दो शब्द कहूँ। उस समय मैं उन महान् हस्तियों के बारे में सोच रहा था, जिन्हें ग्रीस की इस धरती ने दुनिया को दिया—सुकरात, प्लेटो और अरस्तू। मैंने जब युवा छात्रों को देखा तो मेरे मन में प्लेटो के शब्द गूँजने लगे। 2400 वर्ष पहले प्लेटो ने अपनी पुस्तक 'द रिपब्लिक' में कहा था कि इस राष्ट्र की स्थापना से हम किसी एक वर्ग की खुशी को कम करना नहीं चाहते, बल्कि सबको अधिकतम खुशी देना चाहते हैं। इसी प्रकार, उसी अवधि में तमिल कवि और संत थिरुवल्लुवर ने कहा था—

'किसी राष्ट्र का निर्माण इन महत्त्वपूर्ण घटकों से होता है—रोग-मुक्त रहना, उच्च आय की क्षमता, उच्च उत्पादकता, मिल-जुलकर रहना और सशक्त प्रतिरक्षा।'

हमें वह तरीका ढूँढ़ना है, जिससे कि हम इन सारे तत्त्वों को देश के प्रत्येक नागरिक को समान रूप से प्रदान कर सकें, जिससे कि सबको प्रसन्नता मिले।

इन विचारों के साथ ही मैंने अपना मन बना लिया कि मुझे उन छात्रों और

---

* केंद्रीय विद्यालय संगठन के स्वर्ण जयंती समारोहों के अवसर पर केंद्रीय विद्यालय के छात्रों के साथ बातचीत और संबोधन, चेन्नई, 11 दिसंबर, 2013।

ग्रीस के युवाओं से क्या कहना है। मैंने धीरे-धीरे एक-एक पंक्ति कर उस छंद को दोहराया, जो हम सामान्य रूप से भारतीय आध्यात्मिक केंद्रों में सुनते हैं।

धर्म

"जब हृदय में धर्म है,
तब चरित्र में सुंदरता है।
जब चरित्र में सुंदरता है,
तब घर में शांति है।
जब घर में शांति है,
तब देश में व्यवस्था है।
जब देश में व्यवस्था है,
तब विश्व में शांति है।"

छात्रों और युवाओं ने जब मेरे साथ इन शब्दों को दोहराया तो दुर्ग में घूमने आए पर्यटकों ने भी सुर में सुर मिलाया और फिर चारों ओर से तालियों की गड़गड़ाहट गूँजने लगी। तब मैंने देखा कि कैसे अनेक देशों के लोग, युवा और अनुभवी—सब इस विचार से प्रभावित हुए कि राष्ट्रीयता चाहे कुछ भी हो, लेकिन हृदय में धर्म होना चाहिए। आप देख सकते हैं कि कैसे हृदय में धर्म हो तो मनुष्यों का चरित्र सुंदर हो जाता है और चरित्र की सुंदरता से घर में शांति आती है। घर में एकजुटता और शांति से राष्ट्र में व्यवस्था कायम होती है। इसमें कोई शक नहीं कि राष्ट्र में व्यवस्था अंततः विश्व में शांति के पुष्प को पल्लवित करती है। किसी महान् व्यक्ति, महान् परिवार और महान् राष्ट्र तथा अंत में एक महान् धरती की शुरुआत हृदय में धर्म से ही होती है।

□

एक छोटा द्वीप*

मैं एक व्यक्तिगत अनुभव साझा करना चाहूँगा, जो अक्तूबर 1993 की एक घटना से जुड़ा है, जब 'पृथ्वी' मिसाइल को तैयार करने का काम लगभग पूरा हो चला था। सेना चाहती थी कि उसकी क्षमता एक परीक्षण जमीन पर किसी रेंज में कराई जाए, जिससे कि उसकी सर्कुलर एरर प्रॉबेबिलिटी को पुख्ता किया जा सके। रेंज से जुड़ी सुरक्षा समस्याओं के कारण रेगिस्तान के रेंज में परीक्षण के हमारे प्रयास सफल नहीं हो सके। इस मुश्किल को दूर करने के लिए हम पूर्वी तट पर किसी निर्जन टापू की तलाश में थे, जहाँ यह परीक्षण किया जा सके।

नौसेना की ओर से मुहैया कराए गए जल सर्वेक्षण नक्शे पर हमने कुछ द्वीप देखे, जो धर्मा (उड़ीसा तट) से कुछ दूरी पर बंगाल की खाड़ी में स्थित थे, जहाँ पानी के बीच भूमि का कुछ हिस्सा दिख रहा था। हमारी रेंज टीम ने एक बोट किराए पर ली और धर्मा से उस द्वीप की तलाश में निकल पड़े। रेंज टीम में डॉ. ए.के. सालवान और डॉ. वी.के. सारस्वत शामिल थे। नक्शे पर इन द्वीपों को 'लॉन्ग व्हीलर, 'कोकोनट व्हीलर' और 'स्मॉल व्हीलर' के नाम से चिह्नित किया गया था। टीम ने अपने साथ दिशा-सूचक कंपास ले लिया और यात्रा पर निकल पड़ी; हालाँकि वे रास्ता भटक गए और उन व्हीलर द्वीपों का पता नहीं लगा सके। सौभाग्य से उन्हें मछुआरों की कुछ नावें

* डी.आर.डी.ओ. के वैज्ञानिकों और स्टाफ के साथ बातचीत तथा संबोधन, बालासोर, 5 जनवरी, 2012।

मिलीं, जिनसे उन्होंने रास्ता पूछा। मछुआरों ने कहा कि उन्हें व्हीलर द्वीपों के बारे में कोई जानकारी नहीं; लेकिन वे एक द्वीप जानते थे, जिसका नाम था चंद्रचूड़। उन्हें लगा कि शायद वही व्हीलर द्वीप हो। उन्होंने अंदाजन एक दिशा बताई, जिससे चंद्रचूड़ तक पहुँचा जा सकता था। इस मदद के बाद हमारी टीम चंद्रचूड़ द्वीप पर पहुँची, जिसकी पुष्टि बाद में 'स्मॉल व्हीलर' द्वीप के रूप में हो गई। अब तक शाम ढल चुकी थी और अँधेरा घिर आया था। नाविकों ने रात को हमें वापस ले जाने से इनकार कर दिया और वह रात हमारी टीम को उसी छोटे से व्हीलर द्वीप पर बितानी पड़ी। अगली सुबह हमारी टीम धर्मा लौट आई। तीनों द्वीपों के भौतिक सर्वेक्षण के बाद हमने पाया कि लॉन्ग व्हीलर द्वीप समय के साथ घिस गया है और रेंज की गतिविधियों के लिए उपयुक्त नहीं है। इस लिहाज से हमने स्मॉल व्हीलर को चुना, जिसकी चौड़ाई और लंबाई रेंज के ऑपरेशन के मुताबिक पर्याप्त थी। उड़ीसा सरकार से उन द्वीपों को रेंज की गतिविधियों के लिए हासिल करने के बाद इस छोटे से द्वीप को हमारी डी.आर.डी.ओ. टीम ने एक विश्व-स्तर के मिसाइल रेंज कॉम्प्लेक्स में बदल दिया।

उस टीम ने ऐसे सुराग देखे, जिससे लगा कि मछलियाँ पकड़ने के उद्‌देश्य से दूसरे देशों ने भी वहाँ कुछ समय बिताया है। इसके साथ ही उन्होंने स्मॉल द्वीप पर एक झंडे को लहराते देखा। इस बात को मैं खास तौर पर इस कारण उठा रहा हूँ, क्योंकि अंडमान और निकोबार द्वीप समूह के भी अनेक निर्जन टापू हैं, जो दूसरे देशों के करीब हैं। अपने निर्जन टापुओं पर दिन-रात निगरानी रखना हमारे लिए अनिवार्य है, ताकि उन पर किसी भी प्रकार की अवैध गतिविधि को रोका जा सके।

□

सहिष्णुता की नींव*

अगस्त 1947 के अंत में कलकत्ता में सांप्रदायिक दंगे भड़क गए और गांधीजी को आना पड़ा। भारी तादाद में सुरक्षा बलों की तैनाती के बावजूद हिंसा जारी थी। केवल 1 सितंबर को ही दंगों में 50 से अधिक लोग मारे गए। उस रात गांधीजी उपवास पर बैठ गए। एक अनुयायी ने उनके इस फैसले पर सवाल उठाया और कहा, ''आप दंगाइयों के खिलाफ कैसे उपवास कर सकते हैं ?''

गांधीजी ने कहा, ''अगर मैंने चूक कर दी तो यह आग तेजी से फैल जाएगी। मैं दावे के साथ कह सकता हूँ कि दो या तीन विदेशी ताकतें हमारे ऊपर सवार हो जाएँगी और स्वतंत्रता के हमारे सपने को कुचलने की कोशिश करेंगी।''

उन्होंने 2 सितंबर को अपना उपवास शुरू किया और एक दिन के भीतर सैकड़ों हिंसक प्रदर्शनकारी उनके पास आने लगे और अपने हथियार डालने लगे। शहर में शांति की अपील करनेवाले अनेक मार्च निकले, जिनमें सारे समुदाय शामिल थे। गांधीजी, जो तब सतहत्तर वर्ष के थे, ने तीन दिनों तक उपवास किया और बंगाल में स्थायी शांति लाने में सफल रहे; जबकि देश के अनेक हिस्से सांप्रदायिक आग में झुलस रहे थे। भारत के अंतिम ब्रिटिश वायसराय लॉर्ड माउंटबेटन ने कहा कि ''एक निहत्था व्यक्ति 50,000 सैनिकों

---

* गांधी जयंती समारोह के अवसर पर श्रृंगेरी केंद्र, टोरंटो, कनाडा में संबोधन, 26 सितंबर, 2010।

के बल से अधिक प्रभावी साबित हुआ।''

पूरी मानवता के लिहाज से गांधीजी शांति और सहिष्णुता के सबसे बड़े पैरोकार थे। उनका जीवन और उनके आदर्श आज भी प्रासंगिक हैं—देश ही नहीं, बल्कि पूरे विश्व के लिए; क्योंकि हम ऐसी दुनिया में जी रहे हैं, जहाँ लोगों और विचारों का प्रवाह देशों की सीमाओं के आर-पार तेजी से होता है। स्थिर और सुरक्षित भविष्य सहिष्णुता की बुनियाद पर ही खड़ा हो सकता है।

□

सीमाओं से मुक्त विश्व*

एक दिन मैं जब अमेरिका में एक विमान में सफर कर रहा था, तब मुझे बताया गया कि उसके अधिकांश कंट्रोल सॉफ्टवेयर संचालित थे और इसकी गुंजाइश बहुत अधिक थी कि उसे भारत में विकसित किया गया हो। मैंने जब अपना क्रेडिट कार्ड दिया तो मुझे बताया गया कि उसे मॉरीशस में स्थित बैक-एंड सर्वर में प्रोसेस किया जा रहा है। मैं जब बंगलुरु की एक मल्टीनेशनल सॉफ्टवेयर कंपनी में पहुँचा तो यह देखकर खुश हुआ कि वहाँ सच में अनेक संस्कृतियों के बीच सामंजस्य का माहौल है।

चीन का एक सॉफ्टवेयर डेवलपर, भारत का एक सॉफ्टवेयर इंजीनियर और अमेरिका का एक हार्डवेयर आर्किटेक्ट मिलकर जर्मनी के प्रोजेक्ट लीडर और संचार एक्सपर्ट के नेतृत्व में ऑस्ट्रेलिया की एक बैंकिंग समस्या को सुलझाने में जुटे थे। मैंने जब उन लोगों को अपनी-अपनी संस्कृतियों या भाषाओं को भूलकर एक परिवार की तरह साथ काम करते देखा तो मुझे लगा कि इस प्रकार के सीमाओं से मुक्त मेल-जोल को जारी रखने के लिए हमें अपनी धरती पर प्रत्येक मानवीय कार्य में 'सीमाहीनता' की भावना को बढ़ाना होगा।

□

* 20वें अंतरराष्ट्रीय आर्थिक सम्मेलन, 2012 में मुख्य भाषण। आर.डी. नेशनल कॉलेज एंड डब्ल्यू.ए. साइंस कॉलेज, मुंबई, 9 दिसंबर, 2012।

खामोशी से सेवा में जुटे रहना*

मैं श्री एम.बी. वर्मा को पिछले दो दशकों से जानता हूँ। वह दरभंगा जिले के रहनेवाले हैं। उन्होंने दरभंगा और पटना में पढ़ाई की तथा हल्के लड़ाकू विमान (वैमानिकी विकास एजेंसी, बेंगलुरु) के प्रोजेक्ट डायरेक्टर के वरिष्ठ पद पर पहुँचे और अत्याधुनिक सुपरसोनिक लड़ाकू विमान पर भी काम किया। यह उस युवा की कहानी है, जो बिहार के एक बहुत छोटे से गाँव से आया और अपने दम पर सफलता हासिल की। श्री वर्मा भले ही कई दशकों तक बेंगलुरु में काम करते रहे, लेकिन जब वह रिटायर हुए तो उन्होंने अपने गृह जिले में जाकर बसने का और बिहार के लोगों के लिए काम करने का फैसला किया। सामान्य तौर पर जो लोग बड़े शहरों में काम करते हैं, वे उन्हीं बड़े शहरों में रहना पसंद करते हैं। आज श्री वर्मा तीन चलंत विज्ञान प्रयोगशालाओं के माध्यम से ग्रामीण विज्ञान शिक्षा की जिम्मेदारी सँभाल रहे हैं। इन तीनों प्रयोगशालाओं से कई छात्र, यहाँ तक कि शिक्षक भी वैज्ञानिक प्रयोगों के करने के लिए स्वत: जुड़ गए। आप में कितने लोग श्री वर्मा की तरह रिटायरमेंट के बाद अपने गाँव में जाकर रहना चाहेंगे?

□

---

* 'छात्रों के बीच वैज्ञानिक शिक्षा और शोध में घटती अभिरुचि : कारण और समाधान' विषय पर राष्ट्रीय सम्मेलन के आरंभ पर संबोधन, हैदराबाद, 29 मार्च, 2013।

एक लड़के के विचार*

अक्तूबर 2010 में मुझे भोपाल जाने का अवसर मिला, जहाँ मेरी मुलाकात मध्य प्रदेश के होशंगाबाद जिले के सोहागपुर ग्रामीण प्रखंड के करीब दस बच्चों से होनी थी। यह स्थान भोपाल से करीब 150 कि.मी. की दूरी पर है। मुलाकात रात 9 बजे होनी थी; लेकिन मेरी फ्लाइट की देरी के चलते वह मुलाकात रात 11.30 बजे ही शुरू हो सकी। उन बच्चों ने, जिनमें से अधिकांश जनजातीय थे और सभी गाँवों के सरकारी स्कूलों में पढ़ते थे, एक विशेष पहल की थी और 'बच्चों की पहल' के नाम से एक मासिक अखबार निकाल रहे थे, जिसे चलाने का जिम्मा पूरी तरह से करीब 250 बाल रिपोर्टर्स पर था। वे सभी पंद्रह वर्ष से नीचे के ही थे।

उन्होंने मुझे अखबार के कई अलग-अलग संस्करण दिखाए। सब एकदम अनोखे थे। प्रत्येक संस्करण में उन युवा, तेजस्वी और निर्भीक संवाददाताओं ने स्थानीय समस्याओं से लोगों का सामना कराया, सरकारी स्कूलों और ग्रामीण समुदाय के इलाकों की समस्याएँ बताईं, तकनीक और विज्ञान के नवीनतम चलन को दरशाया तथा जिला मजिस्ट्रेट समेत स्थानीय अफसरों के साक्षात्कार भी किए और उनसे स्थानीय स्तर पर विकास संबंधी सवाल पूछे। प्रत्येक संस्करण में वे एक विशेष खंड प्रकाशित करते हैं, जो पारंपरिक जनजातीय शब्दों के संरक्षण से संबंधित होता है। यह युवा पीढ़ी की ओर से परंपराओं को सँजोकर रखने का एक प्रशंसनीय प्रयास है, जिससे हम सभी को सीख लेनी चाहिए।

मेरे साथ बातचीत के दौरान उन्होंने मुझसे कई प्रश्न किए, जिनमें से

एक मैं आप सबके साथ साझा करना चाहूँगा। गोपाल नाम के चौदह वर्षीय बाल संवाददाता ने मुझसे पूछा, ''डॉ. कलाम, आपने हमें मुफ्त और अनिवार्य शिक्षा के बारे में बताया कि कैसे यह शिक्षा सभी बच्चों को मिलेगी। लेकिन मैं आपसे यह जानना चाहता हूँ कि एक खानाबदोश समुदाय का बच्चा, जो लगातार एक स्थान से दूसरे स्थान तक घूमता रहता है, वह अपनी शिक्षा इन मुख्यधारावाले स्कूलों में पूरी कर सकेगा?''

यह एक बहुत ही अच्छा प्रश्न था, जिसके उत्तर में मैंने कहा कि सचल स्कूलों को बनाने का समय आ गया है, जहाँ बच्चों की ही भाषा में शिक्षा हो और वह उनके साथ-साथ चले। मैं चाहूँगा कि आप सब मिलकर एक रणनीति तैयार करें, जिससे कि हमारे बाल संवाददाता गोपाल की ओर से उठाई गई समस्या का हल निकाला जा सके।

मैं उस परिदृश्य की कल्पना कर सकता हूँ, जहाँ अलग-अलग भाषाओं को बोलनेवाले बच्चों को एक साथ ज्ञान के एक मंच पर बातचीत के लिए लाया जा सकता है। कैसे तमिलनाडु और होशंगाबाद के बच्चे तथा कश्मीर का एक और बच्चा अपने-अपने यहाँ की जानकारी आपस में साझा कर सकेंगे और एक-दूसरे से सीख सकेंगे—हम भाषा की खाई को स्कूली शिक्षा में कैसे पाट सकते हैं? हमें इस पर भी विचार करना चाहिए कि हम कैसे देश भर के बच्चों को आपस में जोड़ें और देश की स्थानीय बोलियों की रक्षा करें।

मैं इस विश्वविद्यालय के साथ जनजातीय युवाओं के उन बच्चों की पहल की अनोखी कोशिश को साझा कर रहा हूँ। मैं उम्मीद करता हूँ कि यह विश्वविद्यालय और आप जैसे भविष्य के मीडियाकर्मी इन महत्त्वपूर्ण विषयों को इस प्रकार की रिपोर्टिंग से अवश्य उठाना चाहेंगे। यह विश्वविद्यालय सारे युवा लेखकों का एक राज्य स्तरीय सम्मेलन आयोजित कर सकता है, जो स्थानीय और ग्रामीण स्तर की समस्याओं एवं विकास में अभिरुचि रखते हों।

□

* माखनलाल चतुर्वेदी राष्ट्रीय पत्रकारिता विश्वविद्यालय में पत्रकारिता और दूरसंचार के छात्रों को संबोधन, भोपाल, 12 दिसंबर, 2012।

एक पृष्ठ पर लिखें*

आप किस बात के लिए याद रखे जाना चाहेंगे ? आपको अपने आपको विकसित करना है और अपने जीवन को दिशा देनी है। आपको यह एक पेज पर लिख लेना चाहिए। वह पेज मानव इतिहास की पुस्तक का एक अत्यंत महत्त्वपूर्ण पृष्ठ हो सकता है और आपको उस पेज की रचना के लिए देश के इतिहास में जाना जा सकता है।

□

* राधागोविंद संस्थान समूह के छात्रों के साथ बातचीत और संबोधन, मेरठ, 6 मार्च, 2014।

जीवन के सबक

'वह एक मछुआरे के परिवार में जनमे, गरीबी में जीते और स्कूल तथा कॉलेज के दौरान काम करते रहे, ताकि एक दिन बेहतरीन एरोनॉटिकल साइंटिस्ट और फिर आगे चलकर देश के राष्ट्रपति बन सकें। उनका जीवन पूरे भारत के लोगों और विशेष रूप से युवा पीढ़ी के लिए एक प्रेरणा है।'

—डी. राजा

भारतीय कम्युनिस्ट पार्टी

तोहफा एक बुरी चीज है*

यह उस समय की एक घटना है, जब भारत को स्वतंत्रता मिले अभी थोड़ा ही वक्त गुजरा था और मैं स्कूल में ही था। रामेश्वरम एक सुंदर स्थान था, जिसकी आबादी लगभग 30,000 थी। मेरे पिता रामेश्वरम पंचायत बोर्ड के अध्यक्ष चुने गए थे। एक दिन मैं अपने घर पर पढ़ रहा था, तभी दरवाजे पर दस्तक हुई। उन दिनों रामेश्वरम में हम अपने घरों पर ताले नहीं लगाया करते थे। एक अजनबी ने दरवाजा खोला। वह अंदर आया और मुझसे पूछा कि मेरे पिता कहाँ हैं। मैंने उसे बताया कि पिता शाम की नमाज पढ़ने गए हैं। फिर उसने कहा, ''मैं उनके लिए कुछ लाया हूँ। क्या मैं इसे यहाँ छोड़ जाऊँ?''

चूँकि मेरे पिता बाहर नमाज पढ़ने गए थे, इसलिए मैंने अपनी माँ को आवाज लगाई, ताकि उनकी अनुमति हासिल कर सकूँ। चूँकि वह भी नमाज पढ़ रही थीं, इसलिए उन्होंने कोई जवाब नहीं दिया। मैंने उस व्यक्ति से कहा कि वह उस सामान को चारपाई पर रख दे। वह जब चला गया तो मैं अपनी पढ़ाई में व्यस्त हो गया। कुछ देर बाद, मेरे पिता आए और उन्होंने चारपाई पर रखे 'तांबलुम' को देखा। उन्होंने मुझसे पूछा, ''यह क्या है? किसने दिया?''

मैंने कहा, ''कोई आया था और यह आपके लिए दे गया है।''

उन्होंने तांबलुम को खोला तो पाया कि उसमें एक कीमती धोती, अंगवस्त्रम्, चाँदी के बरतन, कुछ फल और मिठाइयाँ थीं। उन्होंने वह परची भी पढ़ी, जो उस आदमी ने छोड़ी थी। वह उस तांबलुम और अजनबी की

---

* पेप्सिको वार्षिक अभियान सम्मेलन में संबोधन, नई दिल्ली, 22 फरवरी, 2014।

ओर से छोड़े गए तोहफे को लेकर बहुत परेशान थे। मैं उनका सबसे छोटा बच्चा था। वह मुझे बहुत प्यार करते थे और मैं भी उन्हें बहुत प्यार करता था। पहली बार मैंने उन्हें गुस्से में देखा था और वह पहली बार ही था, जब मेरी बहुत बुरी तरह पिटाई की गई। मैं डर गया और रोने लगा। मेरी माँ ने मुझे गले लगाया और चुप कराया। फिर मेरे पिता आए और प्यार से मेरे कंधे पर हाथ रखा और समझाया कि आगे से कभी मैं कोई भी उपहार बिना उनकी इजाजत के स्वीकार न करूँ। उन्होंने एक इसलामी हदीस सुनाई, जिसके मुताबिक, 'अल्लाह जब किसी व्यक्ति को किसी पद पर बिठाता है तो उसकी जरूरतों की देखभाल वही करता है। यदि कोई व्यक्ति उससे अधिक कुछ भी लेता है तो वह हराम होता है।'

फिर उन्होंने मुझसे कहा कि यह एक अच्छी आदत नहीं है। तोहफे के साथ हमेशा कोई मकसद जुड़ा होता है, इसलिए तोहफा एक बुरी चीज होती है। यह साँप को छूने और बदले में उसके विष का शिकार बनने जैसा होता है। आज मैं 80 के पड़ाव को पार कर चुका हूँ, फिर भी वह सबक मुझे याद है। उस घटना ने मुझे अपने पूरे जीवन के लिए एक सबक सिखाया। वह सबक मैंने अच्छी तरह सीख लिया।

मैं आप सबसे यह बात इस कारण साझा कर रहा हूँ, क्योंकि मुझे लगता है कि किसी को भी किसी ऐसे उपहार के प्रभाव में नहीं आना चाहिए, जिसके साथ कोई मकसद जुड़ा हो और जिसके कारण कोई अपने व्यक्तित्व को खो देता है।

'मनुस्मृति' के अनुसार, 'उपहार स्वीकार करने से किसी व्यक्ति के अंदर की दैवी ज्योति बुझ जाती है।' मनु ने प्रत्येक व्यक्ति को ऐसा उपहार लेने से आगाह किया, जिसे लेने के बाद प्राप्त करनेवाला देनेवाले के पक्ष में कार्य करने पर बाध्य हो जाता है। अंतत: इसका परिणाम यह होता है कि वह व्यक्ति ऐसे कार्य करता है, जो कानून के खिलाफ हैं और कानून के दायरे में रहना ही अच्छे जीवन का आधार होता है।

□

ईमानदारी से कार्य करो और ईमानदारी से सफलता पाओ*

वर्ष 2010 में मैं मसूरी गया और वहाँ सिविल सेवा में शामिल हुए 85वें फाउंडेशन बैच के नए अफसरों के साथ ही सिविल सेवा के प्रशिक्षुओं (जिन्होंने अठारह वर्ष की सेवा पूरी कर ली है) के साथ चर्चा की। मैंने सिविल सेवा के अधिकारियों से नवीन और प्रयोगवादी नेतृत्व तथा बेहतर विश्व के विकास पर बात की। इस सत्र के बाद सहभागियों ने कुछ अनोखे प्रश्न किए, जिन्होंने शासन के क्रम में देश के सर्वोच्च स्तर के नौकरशाहों के सामने आनेवाले अवसरों और चुनौतियों को रेखांकित किया। मैंने युवा अधिकारियों से पूछा कि वे अपने आपसे प्रश्न करें कि कैसे वे एक रचनात्मक नेता बन सकते हैं, जो जीवन में महान् अभियानों की पहल कर सकें? मेरे संबोधन की समाप्ति पर एक युवा महिला अधिकारी खड़ी हुई और मुझसे पूछा, ''डॉ. कलाम, नौकरशाहों का प्रशिक्षण इस प्रकार होता है कि वे यथास्थिति बनाए रखें और यह माना भी जाता है कि वे ऐसा करते हैं। इस संदर्भ में, मैं रचनात्मक और नई पहलें करनेवाली कैसे बन सकती हूँ?'' एक और युवा अधिकारी ने कहा, ''सर, फिलहाल अपनी सेवा की शुरुआत में हम सब नैतिक रूप से ईमानदार और कर्मठ होते हैं। हम सब

* रचनात्मक नेतृत्व की गतिशीलता, राजीव गांधी प्रबंधन संस्थान (आर.जी.आई.आई.एम.) के छात्रों को संबोधन और बातचीत, शिलांग, 25 जून, 2013।

कड़ी मेहनत कर एक बदलाव लाना चाहते हैं। लेकिन एक दशक बाद अपने माहौल के बावजूद मैं किस प्रकार उसी जोश के साथ उन्हीं मूल्यों को बनाए रख सकता हूँ?''

इन प्रश्नों पर मैंने उत्तर दिया कि शासन में आनेवाले नए अफसरों को एक लंबी अवधि का लक्ष्य निर्धारित करना चाहिए, जिसके लिए उन्हें याद किया जाएगा। उनके कॅरियर में यह लक्ष्य उन्हें सदैव प्रेरित करेगा और सारी समस्याओं को दूर करने में सहायक होगा। मैंने उन्हें बताया कि युवा नौकरशाहों को यह बात याद रखनी चाहिए कि जब भी वे मुश्किल काम की शुरुआत करेंगे तो उनके सामने समस्याएँ आएँगी। हमें समस्याओं को अपना कप्तान बनने नहीं देना चाहिए। हमें उन्हें पराजित करना चाहिए और उन पर विजय प्राप्त करनी चाहिए।

एक और युवा अधिकारी ने मुझसे पूछा, ''डॉ. कलाम, आपने अभी-अभी हमें एक शपथ दिलाई, मैं सत्यनिष्ठा के साथ काम करूँगा और सत्यनिष्ठा के साथ सफल रहूँगा। लेकिन राजनीतिक प्रणाली और सीनियर जो भ्रष्ट हैं, वे निश्चित रूप से नए नौकरशाहों पर दबाव डालेंगे, ताकि वे अपनी नैतिकता के साथ समझौता कर लें। ऐसे में हम इस समस्या से कैसे निपटें?''

मैंने इस समस्या पर विचार किया, जो बहुत सामयिक और व्यावहारिक रूप में है। मैंने जवाब देते समय अपने अनुभव को याद किया, जब मैंने राजनेताओं और प्रशासकों के साथ करीब रहते हुए काम किया था। साथ ही, जब मैं रक्षा अनुसंधान और विकास संगठन के सचिव, रक्षा मंत्री के वैज्ञानिक सलाहकार, भारत सरकार के प्रमुख वैज्ञानिक सलाहकार जैसे पदों पर था। इन सारे ही पदों पर रहते हुए मैं भारी पूँजी निवेशवाले बड़े अभियानों का प्रभारी था। मुझे याद नहीं कि कभी नेताओं या प्रशासकों ने मुझसे किसी प्रकार की सहायता के लिए संपर्क किया हो। फिर मैंने उन नए अफसरों से कहा कि वे निश्चित रूप से अपने लिए ईमानदारी का एक ब्रांड

स्थापित कर सकते हैं, जो उन लोगों को आपसे दूर रखेगा, जो चाहते हैं कि आप नैतिकता से समझौता करें। बेशक, इसका असर व्यक्तिगत तरक्की में समस्याओं के तौर पर सामने आ सकता है। फिर भी, रुकावटों के बावजूद मनुष्यों के सबसे अच्छे गुण निश्चित रूप से जीवन में उसे सफल बनाएँगे।

□

एक नोबेल विजेता*

हमें मैरी क्यूरी के सामने आईं समस्याओं का अध्ययन करना चाहिए। वह समस्याओं से नहीं घबराती थीं। उन्होंने सारी रुकावटों का सामना किया और सफल रहीं। निश्चित रूप से उनका अनुभव हम सबके लिए प्रेरणा का स्रोत है। हेनरी बैकेरल के अनुसंधान के दौरान मैरी क्यूरी उनकी सहयोगी थीं और वह यूरेनियम के गुणों का पता लगाने में सफल हुईं। उन्हें उन गुणों के बारे में पता चला और वह उनके प्रभावों की जाँच में जुट गईं, जिसे उन्होंने अपने डॉक्टरेट के अनुसंधान के लिए 'रेडियो-एक्टिविटी' नाम दिया।

मैरी क्यूरी ने यह पता लगाने के लिए कि क्या वे भी रेडियो-एक्टिव हैं, कई अन्य तत्त्वों की भी जाँच की। उन्हें एक और तत्त्व मिला—थोरियम तथा रेडिएशन का एक और स्रोत एक मिश्रण में मिला, जिसे 'पिचब्लेंड' कहा जाता है। यह ऐसा स्रोत है, जो थोरियम या यूरेनियम से कहीं अधिक शक्तिशाली होता है।

साथ मिलकर काम करने के दौरान क्यूरी और उनके पति पियरे को पिचब्लेंड में मौजद रेडियो-एक्टिव के स्रोत को अलग करने में चार वर्ष लग गए। क्यूरी अपनी प्रयोगशाला के लिए आवश्यक कुछ ग्राम तत्त्व निकालने के लिए बड़ी मात्रा में पिचब्लेंड अपने सिर पर उठाकर ले जाती थीं। उस तत्त्व के वही कुछ ग्राम उनकी खोज थे। क्यूरी ने उसे 'रेडियम' नाम दिया। रेडियम के आविष्कार के लिए मैरी और पियरे को सन् 1903 में भौतिकी का 'नोबेल पुरस्कार' मिला, जिसे उन्होंने अपने दोस्त हेनरी बैकेरल के साथ

* प्रथम डॉ. आयडा स्कडर स्मारक व्याख्यान, वेल्लोर, 10 अगस्त, 2012।

साझा किया। कुछ ही समय बाद क्यूरी ने पाया कि उन्होंने जिसकी खोज की थी, वह विशुद्ध रेडियम नहीं था, बल्कि उन्हें उस तत्त्व को अलग करने में काफी मशक्कत करनी पड़ी। इस काम के लिए उन्हें सन् 1911 में रसायन का 'नोबेल पुरस्कार' दिया गया।

अपनी खोज के दौरान क्यूरी को पता चला कि रेडिएशन मानव कोशिकाओं को मार सकता है। वे इस नतीजे पर पहुँचीं कि यदि यह स्वस्थ मानव कोशिकाओं को मार सकता है तो यह बीमार मानव कोशिकाओं को भी समाप्त कर देगा और इस प्रकार उन्होंने ट्यूमर के इलाज तथा उसे समाप्त करने के लिए रेडियम को अलग करने का काम किया। प्रथम विश्व युद्ध के दौरान वह फ्रेंच लोगों के साथ काम करने चली गईं तथा एक्स-रे मशीनों का डिजाइन तैयार किया और उनका निर्माण किया। यह देखकर कि सर्जरी से पहले सैनिकों को अस्पताल लाना संभव नहीं होता, उन्होंने पहली सचल एक्स-रे मशीन तैयार की और उसके साथ युद्ध के दौरान मोरचे तक भी गईं।

4 जुलाई, 1934 को पेरिस में मैरी क्यूरी की मौत हो गई। वह अपने ही आविष्कार के हाथों मारी गईं। उनकी मौत रेडिएशन के जहर से हो गई और वह संभवत: पहली व्यक्ति थीं, जिनके साथ ऐसा हुआ था। क्यूरी ने अपने आपको गरीबी से उबारा था, संघर्षों के साथ अपनी शिक्षा पूरी की और अद्‍भुत सफलता प्राप्त की। उन्होंने जो भी काम किया, उसे पूरे धैर्य के साथ किया। अकसर बरसों तक सावधानीपूर्वक किए गए प्रयोगों के बाद उन्हें परिणाम मिले और इस दौरान अपने काम के लिए पैसे जुटाने को लेकर वे संघर्ष करती रहती थीं। अपने इस संघर्ष के कारण वह दो 'नोबेल पुरस्कार' प्राप्त कर सकीं, जबकि एक भी जीता होता तो भी पहली महिला होतीं। उन्होंने जो ज्ञान प्राप्त किया, उसने हजारों का जीवन बचाया है। अपने वैज्ञानिक अभियान में मैडम क्यूरी ने जिस साहस और धैर्य का परिचय दिया, वह निश्चित रूप से अद्‍भुत और प्रेरक है।

□

भय के लिए वक्त नहीं*

8 जून, 2006 को मैंने यह समझने के लिए सुखोई एसयू-30 लड़ाकू विमान में उड़ान भरी कि एक लड़ाकू विमान आक्रमण कैसे करता है। उससे पहले की रात विंग कमांडर अजय राठौर ने मुझे उड़ान भरने से संबंधित जानकारी दी थी। वह मेरे मित्र और शिक्षक थे, जिन्होंने मुझे विमान को उड़ाने के साथ-साथ लड़ाकू विमान के हथियार नियंत्रण प्रणाली को चलाना भी सिखाया। सन् 1958 में जब मैं इंजीनियर बना, तभी से किसी लड़ाकू विमान को उड़ाना मेरे लिए एक सपना था। हमने जब अपनी पेटियाँ बाँध लीं, तब सुखोई ने उड़ान भरी और देखते-ही-देखते 25,000 फीट की ऊँचाई पर पहुँच गया। उसकी रफ्तार 1,200 किलोमीटर प्रति घंटा से अधिक थी। विंग कमांडर राठौर ने कहा कि मैं विमान को पहले बाईं ओर घुमाऊँ और फिर दाईं ओर। मैंने एक जी-सूट पहना हुआ था, फिर भी करीब 3जी का गुरुत्वाकर्षण बल महसूस किया।

मैंने सुखोई को बाईं और दाईं ओर तथा लैंड करने से पहले ऊपर और नीचे की ओर जाते महसूस किया।

उस उड़ान के दौरान मैंने विमान की विभिन्न एकीकृत प्रणालियों को समझने का प्रयास किया। उन सभी को भारतीय वैज्ञानिकों ने ही तैयार किया था। मैं देश में बने मिशन कंप्यूटरों, रडार चेतावनी रिसीवरों, आई.आई.एफ.

---

* वायु सेना के अधिकारियों और स्टाफ को संबोधन, एयर फोर्स एडमिनिस्ट्रेटिव स्टाफ कॉलेज, कोयंबटूर, 19 फरवरी, 2012।

(मित्र या शत्रु की पहचान करनेवाला) तथा विमान के डिस्प्ले प्रोसेसर्स को देखकर बहुत खुश था। मुझे दिखाया गया कि हवा और जमीन पर किसी लक्ष्य का पता कृत्रिम झिर्रीदार रडार (सिंथेटिक अपरचर रडार) की मदद से कैसे लगाया जाता है। हमारी उड़ान करीब तीस मिनट की थी। मैंने अपने जीवन के बहुत पुराने सपने और बहुत बड़े लक्ष्य को पूरा होते देखा। इन सबसे भी कहीं अधिक मैंने हवा के योद्धाओं की नेतृत्व क्षमता को भी पहचाना, जो हमारे देश के हवाई क्षेत्र की सुरक्षा में जुटे हैं।

मैं जैसे ही नीचे उतरा, कई संवाददाताओं ने मुझे घेर लिया। सबने अपने-अपने प्रश्न पूछे। एक ने पूछा, "आपने इस उम्र में एक विमान को उड़ाया, आपको डर नहीं लग रहा था?" मैंने तुरंत उत्तर दिया, "चूँकि मैं उप-प्रणालियों के काम करने के तरीके को समझने और पायलट के साथ विमान को उसकी सही दिशा में ले जाने में व्यस्त था, इस कारण मुझे डरने का समय ही नहीं मिला।"

हम जब अपने काम में तल्लीन रहते हैं और अपने काम से प्यार करते हैं तो इसका सवाल ही नहीं उठता कि डर हमें अपने वश में कर सके।

□

एक पुस्तक की कीमत*

मैंने वर्ष 1954 से 1957 के बीच चेन्नई के क्रॉमपेट स्थित मद्रास इंस्टीट्यूट ऑफ टेक्नोलॉजी में पढ़ाई की थी। दिसंबर 1955 में, शायद अपने कोर्स के दूसरे साल में, मेरे सारे सहपाठी जाड़े की छुट्टियों पर चले गए थे। उस समय मुझे लगा कि मैंने एक विषय की तैयारी ठीक से नहीं की है और हॉस्टल में रहकर आनेवाली परीक्षा की तैयारी करने का फैसला किया।

उन छुट्टियों के दौरान एक दिन मुझे अपने बहनोई अहमद जलाल का एक ट्रंक कॉल आया। उन्होंने कहा कि रामेश्वरम में जबरदस्त तूफान आया है और मेरे माता-पिता चाहते हैं कि मैं तुरंत उनसे आकर मिलूँ। मैं भी रामेश्वरम जाकर अपने माता-पिता और घर को देखना चाहता था। वह महीने का आखिरी समय था और मेरे पास पैसे नहीं थे। मेरे परिवार के पास भी इतना समय नहीं था कि वे मुझे पैसे भेज सकें। मैं समझ नहीं पा रहा था कि घर जाने के लिए मैं पैसे का इंतजाम कैसे करूँ। उस समय मेरे पास केवल एक कीमती चीज थी—वह एक कीमती पुस्तक थी, जिसे दूसरे साल के दौरान एयरोडायनेमिक्स में शानदार प्रदर्शन के लिए डॉ. लक्ष्मण स्वामी मुदलियार ने उपहार में भेंट दिया था। वह पुस्तक थी टिमोशेंको और गुडियर लिखित 'द थ्योरी ऑफ इलास्टिसिटी' जिसकी कीमत उस वक्त 400 रुपए थी। मेरे लिए उस पुस्तक को बेचने का फैसला बेहद

* साहित्य अकादेमी में संवत्सर व्याख्यान, नई दिल्ली, 16 फरवरी, 2011

मुश्किल था, जिसे मुझे अपने प्रदर्शन के पुरस्कार के रूप में दिया गया था। लेकिन मुझे घर जाने के लिए कम–से–कम 60 रुपए की आवश्यकता थी, इसलिए मैंने क्रॉमपेट से इलेक्ट्रिक ट्रेन पकड़ी और सेंट्रल स्टेशन के पास मूर मार्केट पहुँच गया।

उन दिनों मूर मार्केट एक ऐसी जगह थी, जहाँ आप नई–पुरानी पुस्तकें काफी सही दाम पर खरीद सकते थे। उससे पहले मैंने वहाँ से महज 20 रुपए में 'लाइट फ्रॉम मेनी लैंप्स' की सेकंड हैंड एक प्रति खरीदी थी और वह मेरे लिए जीवन में दिशा दिखाने वाली पुस्तक बन गई। मैंने जिस बुक स्टॉल से 'लाइट फ्रॉम मेनी लैंप्स' खरीदी थी, उसका मालिक एक धर्मपरायण ब्राह्मण था, जिसकी एक पारंपरिक चोटी भी थी। मैं उनके पास गया और कहा कि मेरे पास एक पुस्तक है, जिसे मैं बेचना चाहता हूँ, ताकि मुझे अचानक घर जाने के लिए जरूरी पैसे मिल जाएँ। उन्होंने मुझे पुस्तक दिखाने को कहा और पूछा कि मुझे कितने पैसे चाहिए। मैंने उनसे कहा कि कम–से–कम 60 रुपए चाहिए। हालाँकि मुझे लग रहा था कि वह मुझे उससे काफी कम पैसे देंगे।

उन्होंने पुस्तक खोली और उसका पहला पन्ना पढ़ते ही समझ गए कि मद्रास विश्वविद्यालय के तत्कालीन कुलपति ने मुझे वह पुस्तक पुरस्कार के रूप में दी है। उन्होंने तुरंत कहा कि वह उस पुस्तक को नहीं खरीदेंगे। मैं परेशान हो गया कि अब तो पैसे मिलने की कोई संभावना ही नहीं रही। फिर उन्होंने मुझसे कहा कि चूँकि वह पुस्तक डॉ. लक्ष्मण स्वामी मुदलियार की ओर से दी गई भेंट है, इस कारण वह मुझे 60 रुपए दे देंगे। वह उस पुस्तक को मेरे लौटने तक अपने पास रखेंगे और पैसे देकर मैं उसे ले जा सकता हूँ। मैं यह देखकर बहुत खुश हुआ कि कोई था, जो उस मुश्किल वक्त में मेरी मदद कर रहा था और यह भी समझ रहा था कि पढ़ाई में मेरी अभिरुचि है।

मुझे पैसे मिल गए और मैं रामेश्वरम पहुँचा, जहाँ मैंने प्रकृति का तांडव देखा, लेकिन मेरा मन वापस लौटकर उस पुस्तक को हासिल करने

पर ही अटका हुआ था। मैं जैसे ही रामेश्वरम से वापस लौटा, मूर मार्केट गया, पैसे चुकाए और वादे के मुताबिक अपनी पुस्तक उस नेक दुकानदार से ले ली। उसके बाद मैं बहुत खुश हुआ। मुझे लगा जैसे एक माँ अपने उस बेटे से दोबारा मिल रही है, जो कुछ समय के लिए उससे बिछड़ गया था। पुस्तकों से हमें ज्ञान मिलता है; लेकिन जरूरत के समय में वे धन का भी काम करती हैं।

□

एक पारदर्शी आंदोलन*

21 नवंबर, 2005 को मैं आदिचुनचनागिरि मठ गया था, जहाँ एफ.यू.आर.ई.सी. (धर्मों और प्रबुद्ध नागरिकों की एकता फाउंडेशन) के एक कार्यक्रम में शामिल हुआ तथा कर्नाटक के विभिन्न स्कूल-कॉलेजों से आए 54,000 से अधिक छात्रों से मुलाकात की। वहाँ शारवथी नगर, शिमोगा के आदिचु चनागिरि कंपोजिट हाई स्कूल के दसवीं कक्षा के एक छात्र एम. भवानी ने मुझसे यह प्रश्न किया, ''सर, मैं भ्रष्टाचार-मुक्त भारत में रहना चाहता हूँ। कृपया मुझे बताइए, मेरे जैसे बच्चे भ्रष्टाचार को मिटाने के लिए क्या कर सकते हैं?''

बच्चों के मन की वेदना इस प्रश्न से झलकती है और मेरे लिए यह एक महत्त्वपूर्ण प्रश्न था। मैंने उन समाधानों के विषय में सोचा, जो हमारे पास होने चाहिए। देश में लगभग 1.25 अरब लोग और करीब 20 करोड़ घर हैं। सामान्य तौर पर, हर जगह अच्छे नागरिक हैं; हालाँकि हमें लगता है कि कुछ लाख घरों में रहनेवाले लोग पारदर्शी नहीं हैं और वे देश के कानून को नहीं मानते। तो हम क्या कर सकते हैं? इन घरों में माँ-बाप के अलावा एक या दो बच्चे भी होते हैं। यदि इन घरों के माता-पिता पारदर्शी रास्ते से भटकते हैं तो बच्चे प्यार और अनुराग के औजार का इस्तेमाल कर अपने माँ-बाप को सुधार सकते हैं और सही रास्ते पर ला सकते हैं।

मैंने वहाँ इकट्ठा हुए सभी बच्चों से पूछा, ''यदि आपके माता-पिता

---

* निर्मला कॉन्वेंट स्कूल के छात्रों को संबोधन और बातचीत, बुलंदशहर, 17 दिसंबर, 2012।

पारदर्शिता की राह से भटके तो आप सब क्या करेंगे? क्या तुम उन्हें निर्भीकता से कहोगे, पिता या माता, वे जो कर रहे हैं, वह ठीक नहीं है। वह काम, जिन्हें न करने की शिक्षा स्वयं उन्होंने ही और स्कूल में दी गई थी?''

अधिकांश बच्चों ने तुरंत जवाब दिया—''हम ऐसा ही करेंगे!'' वे इस बात को लेकर आश्वस्त हैं, क्योंकि उनके पास प्यार का औजार है। मैंने भी कुछ अन्य बैठकों में अभिभावकों से कहा कि यदि उनके बच्चों ने उनसे पारदर्शिता अपनाने को कहा तो वे क्या करेंगे? पहले तो एक खामोशी छा गई, फिर उनमें से कई ने हिचकिचाते हुए यह स्वीकार किया कि वे अपने बच्चों की सलाह को मानेंगे, क्योंकि उनमें प्यार छिपा होता है। उन्होंने मेरे लिए एक शपथ तैयार की। क्या आप इसे मेरे साथ दोहराएँगे?

''मैं सभी प्रकार के भ्रष्टाचार से मुक्त एक ईमानदार जीवन बिताऊँगा तथा दूसरों के लिए भी पारदर्शी जीवन जीने की मिसाल कायम करूँगा।''

आज मैं आप सभी का आह्वान करता हूँ कि आप अपने घर में पारदर्शिता का आंदोलन शुरू करें। मुझे पूर्ण विश्वास है कि युवाओं का जाग्रत् मन इस धरती पर उसके ऊपर और उसके नीचे सबसे सशक्त संसाधन है। आप अपने घर में बदलाव ला सकते हैं।

□

किसी उद्देश्य के लिए उपवास*

कुछ वर्ष पूर्व मुझे एक अनोखा अनुभव हुआ, जिससे ज्ञात हुआ कि कैसे एक अकेला नेता बहुत बड़ी आबादी को प्रेरित कर सकता है। दिल्ली में मेरी मुलाकात महात्मा गांधी की पोती श्रीमती सुमित्रा कुलकर्णी से हुई। उन्होंने अपने दादा के बारे में एक कहानी सुनाई, जिसकी वह प्रत्यक्षदर्शी रही थीं।

जैसा कि आप जानते हैं, हर दिन शाम के समय एक निश्चित समय पर महात्मा गांधी एक प्रार्थना सभा किया करते थे। प्रार्थना के बाद हरिजन कल्याण के लिए लोग स्वेच्छा से दान दिया करते थे। गांधीजी के अनुयायी समाज के विभिन्न वर्गों के लोगों की ओर से दिए गए दान के पैसे को इकट्ठा कर गांधीजी के स्टाफ को सौंप देते थे, ताकि वे पूरी राशि को गिन सकें। फिर रात के खाने के समय गांधीजी को बताया जाता था कि कितने पैसे जमा हो गए। एक बार एक कर्मचारी ने बताया कि जो पैसा इकट्ठा हुआ था और जो पैसा गांधीजी को दिया गया, उसमें कुछ पैसों की हेर-फेर है। यह सुनकर गांधीजी ने कहा कि यह गरीबों के लिए दिया गया चंदा है और वे उस पैसे के प्रति जवाबदेह हैं। यह कहकर वह उपवास पर चले गए। उनकी इस प्रकार की ईमानदारी का अनुकरण हम सभी को

---

* 50वें राष्ट्रीय समुद्री दिवस समारोह के अवसर पर पहली व्याख्यान शृंखला पर संबोधन, गोवा, 10 दिसंबर, 2012।

करना चाहिए। आज के दिन आप सभी, जो कल के प्रबंधकों और नेताओं की भूमिका निभाएँगे, को अपने विचारों और कार्यों में ईमानदारी के प्रति समर्पण का भाव पैदा करना चाहिए।

□

सोशल मीडिया की सक्रियता*

कल जब मैं दिल्ली से बेंगलुरु की फ्लाइट पर था, तब मैंने 'कॉगनिटिव सरप्लस' (संज्ञानात्मक अधिशेष) नाम की एक पुस्तक पढ़ी। उस पुस्तक में इसके लेखक क्ले शर्की कहते हैं कि आज 'सोशल प्रोडक्शन' तेजी से प्रासंगिक होता जा रहा है। उन्होंने इसे 'लोगों पर आधारित सहकर्मी उत्पादन' या ऐसा काम कहा, जिसमें स्वामित्व सबका होता है या सारे साझीदारों की पहुँच होती है और उन लोगों की ओर से बनाया जाता है, जो सहयोगी होते हैं तथा प्रबंधन में कोई बड़ा या छोटा नहीं होता। लाखों नए लोगों के शामिल होने से हमारे मीडिया का माहौल बदला है और उसके सृजन का दायरा तथा स्तर दोनों आश्चर्यजनक रूप से बढ़ा है।

पहले कई लोग कई घंटे तक टी.वी. देखा करते थे। आज चीजें बदल गई हैं। खाली समय को इस पुस्तक में 'कॉगनिटिव सरप्लस' कहा गया है। पहले की अपेक्षा खाली समय को आज अलग तरीके से इस्तेमाल में लाया जाता है। यह पुस्तक कहती है कि पहली बार ऐसा हुआ है कि बच्चे अब बड़े लोगों की तुलना में कम टी.वी. देखते हैं। वे टी.वी. की निष्क्रिय सहभागिता की बजाय सक्रिय भागीदारीवाले माध्यम की ओर जा रहे हैं। आज एक बहुत बड़ा वर्ग टी.वी. से सोशल मीडिया की ओर जा रहा है। भारतीय मीडिया को इस बात को समझना होगा और इस पर विचार करना होगा कि इस नए बदलते माहौल में उसे अपनी दिशा कैसे तय करनी है।

---

* न्यू इंडियन एक्सप्रेस के कर्मचारियों को संबोधन, बेंगलुरु, 31 अगस्त, 2012।

करीब छह महीने पहले मैं अपने नए आधिकारिक पेज www.facebook.com/officialkalam के जरिए सोशल मीडिया से जुड़ गया। मैंने इ-जर्नल बिलियन बीट्स का इलेक्ट्रॉनिक वर्जन www.facebook.com/kalambillionbeats भी लॉञ्च किया। मेरे ऑफिशियल पेज को मेरे साथ-साथ मेरी टीम अपडेट करती है। अब इसके सदस्यों की संख्या करीब 1.2 अरब तक पहुँच गई है और इसकी पहुँच 25 लाख से अधिक प्रयोगकर्ताओं तक है। मैं इस पेज पर नियमित रूप से रीयल लाइफ से जुड़ी घटनाएँ और विचार शेयर करता हूँ, जिस पर यूजर अपने कमेंट करते हैं और बातचीत हो जाती है। मैंने सैकड़ों पोस्ट इस पर डाले हैं; लेकिन लोगों को दो पोस्ट खास तौर पर पसंद आए हैं। चलिए, मैं उनके बारे में आपको बताता हूँ। पहला पोस्ट एक साहसी लड़के के बारे में है। मैं महाराष्ट्र के हराली गाँव गया था, जहाँ मेरी मुलाकात अलग-अलग स्कूलों के लगभग 2,000 छात्रों से हुई। मैं स्टेज से नीचे उतरने ही वाला था कि तभी करीब अठारह साल के एक लड़के, जो अपनी माँ के साथ खड़ा था, ने मुझसे मिलने के लिए आवाज लगाई। मैंने उन दोनों को स्टेज पर बुलाया। लड़का बचपन में हुई किसी बीमारी की वजह से चलने में समर्थ नहीं था, लेकिन उसकी इच्छा-शक्ति प्रबल थी।

उसने मुझसे कहा, ''मेरा नाम शैलेष है और मैं इसी गाँव का हूँ। आपने मुझसे कहा था कि मेरा कोई सपना होना चाहिए। मैं आपको यहाँ अपने सपने के बारे में बताने आया हूँ। मैं एक चेस खिलाड़ी हूँ...और किसी दिन मैं एक ग्रैंड मास्टर बनूँगा।''

मैंने अपने सभी फेसबुक दोस्तों को बताया कि एक ग्रामीण लड़के में, शारीरिक अक्षमता के बावजूद, इस प्रकार की आकांक्षा और शक्ति होनी कि वह अपने लिए एक बड़ा लक्ष्य तय करे, बहुत बड़ी बात है। उस पोस्ट को एक ही दिन में 50 हजार से अधिक लोगों ने पसंद किया और उस पर कमेंट किया।

दूसरा पोस्ट मेरे उस अनुभव से जुड़ा था, जब मैं उत्तर प्रदेश के दौरे पर था। उ.प्र. के आजमगढ़ में एक स्वास्थ्य केंद्र के दौरे के बाद मैं अपनी टीम

के साथ राज्य के हाईवे से वाराणसी एयरपोर्ट की तरफ बढ़ रहा था, तभी मेरी नजर सड़क किनारे के उस टी-स्टॉल पर पड़ी। हमने अपने काफिले को तुरंत रुकवाया और चाय-समोसे के लिए वहाँ पहुँच गए। मैं सर्विस की क्वालिटी और वहाँ के खाने के साथ ही यह देखकर बहुत प्रभावित हुआ कि कैसे एक आदमी सारी चीजों का प्रबंधन कर रहा है। वही मालिक है, वही कैशियर, क्लीनर, चाय बनानेवाले और उसे देनेवाले का काम भी वही कर रहा है। मैंने अपने फेसबुक सब्सक्राइबर्स से कहा, "मैं आपको बता दूँ, ऐसी कोई जगह नहीं, जो भारत के सड़क किनारे की चाय की दुकान से मुकाबला कर सके। हम ऐसे उद्यमियों का हौसला कैसे बढ़ा सकते हैं और कैसे उन्हें इस स्तर तक ला सकते हैं कि वे हमारे देश का स्वाद बढ़ा सकें?" हजारों लोगों ने इस पोस्ट को शेयर किया और जमीनी स्तर के ऐसे स्थानीय उद्यमियों को प्रोत्साहित करने के विचार दिए।

मेरे फेसबुक पेज पर इन कमेंट्स और मेरे इस यूजर-व्यूअरशिप पैटर्न से एक सबक जरूर मिलता है कि लोग सकारात्मक और ऐसी खबरें पसंद करते हैं, जिनमें संवाद की गुंजाइश हो। उन्हें सफलता और उम्मीदवाली कहानियों की तलाश रहती है। वे दूसरों के जीवन में परिवर्तन लाने की प्रक्रिया में शामिल होने के लिए उत्सुक रहते हैं और चाहते हैं कि उनके कार्यों से देश में बदलाव आए। अपने सभी रूपों में मीडिया को देश के युवाओं की इस इक्कीसवीं सदीवाली सोच से तालमेल बिठाने की तैयारी करनी होगी।

□

एक इंजीनियर का दिल*

सर एम. विश्वेश्वरैया एक महान् व्यक्ति थे, जिन्होंने अपने इंजीनियरिंग के कौशल से हिंदुस्तानियों के दिल में अपने लिए एक पक्की जगह बना ली। हाँ, मैं सर मोक्षगुंडम विश्वेश्वरैया की बात कर रहा हूँ, जिन्हें देश का बच्चा-बच्चा जानता है।

उनका जन्म कर्नाटक के चिकबलपुर तालुका के मुद्देनाहल्ली में 15 सितंबर, 1860 को हुआ था। उन्होंने अपने कौशल व मानवीय गुणों से अपने 101 वर्ष के जीवन में अपनी पहचान एक विख्यात भारतीय इंजीनियर और राजनेता के रूप में बनाई। उनकी याद में हर वर्ष 15 सितंबर को भारत में 'इंजीनियर दिवस' के रूप में मनाया जाता है। सन् 1955 में उन्हें भारतीय गणतंत्र के सर्वोच्च नागरिक सम्मान 'भारत रत्न' से नवाजा गया। सार्वजनिक भलाई के कार्यों के लिए अंग्रेजों ने उन्हें 'नाइट' की उपाधि दी थी। विश्वेश्वरैया जब महज पंद्रह वर्ष के थे, तब उनके पिता की मृत्यु हो गई। उन्होंने चिकबलपुर में प्राथमिक शिक्षा ग्रहण की और हाई स्कूल की पढ़ाई बेंगलुरु में की। उन्होंने बी.ए. की डिग्री सन् 1881 में मद्रास यूनिवर्सिटी से हासिल की और आगे चलकर कॉलेज ऑफ साइंस, पुणे से सिविल इंजीनियरिंग की पढ़ाई की, जिसे कॉलेज ऑफ इंजीनियरिंग, पुणे के नाम से भी जाना जाता है।

इंजीनियरिंग की डिग्री प्राप्त करने के बाद विश्वेश्वरैया ने बंबई लोक निर्माण विभाग में नौकरी कर ली और फिर उन्हें भारतीय सिंचाई आयोग में

* 'मानवता के कल्याण का विज्ञान,' सेमिनार के सहभागियों को संबोधन और बातचीत, डी. पॉल इंटरनेशनल रेजिडेंशियल स्कूल, मैसूर, 29 जून, 2010।

शामिल होने का न्योता दिया गया। उन्होंने दक्कन क्षेत्र में सिंचाई की एक अत्यंत जटिल प्रणाली विकसित की। उन्होंने स्वचालित मेड़वाले पानी के रास्ते का एक डिजाइन तैयार किया और उसे पेटेंट भी कराया, जिसे पहली बार सन् 1903 में पुणे के पास खड़गवासला जलाशय में अमल में लाया गया।

विश्वेश्वरैया ने बाढ़ प्रतिरक्षा प्रणाली भी तैयार की, जिससे हैदराबाद शहर को बाढ़ से बचाया जा सके। उन्होंने कावेरी नदी पर बने कृष्णराज सागर बाँध की अवधारणा से लेकर उसके निर्माण की देखरेख और उद्घाटन तक का काम स्वयं किया। वह बाँध उस वक्त एशिया का सबसे बड़ा जलाशय था।

विश्वेश्वरैया को ठीक ही आधुनिक मैसूर राज्य (अब कर्नाटक) का जनक कहा जाता है। एशिया का पहला बिजली उत्पादन संयंत्र बनाने का श्रेय भी उन्हें ही जाता है, जिसका निर्माण उन्होंने सन् 1894 में मैसूर के पास शिवानासमुद्र में किया। सन् 1908 में विश्वेश्वरैया को मैसूर रियासत का दीवान या पहला मंत्री नियुक्त किया गया। उन्हें कई उद्योगों और शैक्षणिक संस्थानों की स्थापना का भी श्रेय दिया जाता है। उन्हें उनकी ईमानदारी, समय के प्रबंधन और अनेक समस्याओं को दूर करने के प्रति समर्पण के लिए जाना जाता है। विश्वेश्वरैया का जीवन एकदम सादगी भरा था। मैसूर के दीवान का पद स्वीकार करने से पहले उन्होंने अपने सभी रिश्तेदारों को रात के खाने पर बुलाया। उन्होंने उन सबसे साफ-साफ कह दिया कि वह उस प्रतिष्ठित पद को तभी स्वीकार करेंगे, जब उनमें से कोई उनसे मदद माँगने नहीं आएगा। उन्होंने राज्य में अनिवार्य शिक्षा को लागू किया, जिसे आगे चलकर स्वतंत्र भारत के संविधान में एक मौलिक अधिकार के तौर पर शामिल किया गया। सर विश्वेश्वरैया उन गिने-चुने विख्यात भारतीयों में एक हैं, जिनके विचारों और उपलब्धियों के साथ-साथ उन्हें विशेष रूप से प्रिय मूल्य प्रणाली ने आधुनिक भारत को दिशा देने में सृजनात्मक शक्ति का काम किया।

□

छोटी उम्र के मददगार*

नागप्पन, साथियन और दर्जन भर अन्य छात्र अपने जन्मदिन पर होटलों में पार्टियाँ करते थे और डिनर पर बेहिसाब खर्च करते थे। चार साल पहले नागप्पन और उसके दोस्तों ने तय किया कि वे और उसके दोस्त होटलों में बर्थडे मनाने पर पैसा खर्च नहीं करेंगे। इसकी बजाय उन्होंने गरीब छात्रों के लिए पैसे जुटाना शुरू कर दिया। एक बेहद गरीब परिवार के अक्षम छात्र को उनकी ओर से की गई पहली मदद का लाभ मिला और उसने अपने कॉलेज की फीस जमा कर दी। उस गरीब विकलांग छात्र के चेहरे पर खुशी देखकर नागप्पन और उसके दोस्तों का हौसला बढ़ा। उन्होंने कुछ और छात्रों को अपने साथ जोड़ने की कोशिश शुरू कर दी, जो हर महीने करीब 20 से 25 रुपए दे सकते थे। पूरी रकम कुछ और गरीब व विकलांग छात्रों की मदद तथा शिक्षा के लिए जुटाई गई थी।

नागप्पन और साथियन को उनके साथी छात्रों ने कहा कि वे युवाओं की मदद के लिए एक ट्रस्ट बनाएँ। जल्द ही उन्होंने संबंधित प्राधिकरण तथा आयकर विभाग में ट्रस्ट डीड को रजिस्टर कराया। आज वे गर्व से कहते हैं कि 250 छात्र और युवा अपनी छोटी-छोटी बचत गरीब और विकलांग बच्चों की मदद के लिए दान करते हैं। यह संगठन ऐसे 35 छात्रों की मदद

---

* प्रेसीडेंसी स्कूल के छात्रों से बातचीत, बेंगलुरु, 29 अगस्त, 2010।

करता है। उसकी इच्छा है कि सहयोग देनेवालों की संख्या 1,000 तक और लाभ पानेवालों की संख्या 100 तक पहुँच जाए। महज कुछ छात्रों की सोच ने इस अनोखे और शानदार मॉडल को स्वरूप दिया है।

□

गरीबी से बहुत दूर*

मारियो कपेकी का बचपन बहुत मुश्किल और चुनौतीपूर्ण था। करीब चार वर्षों तक कपेकी इटली के आल्प्स में एक लकड़ी के घर में रहते थे। जब दूसरा विश्व युद्ध शुरू हुआ, तब उनकी माँ को अन्य बोहेमियाई लोगों के साथ एक राजनीतिक बंदी के रूप में डकाऊ कंसेंट्रेशन कैंप में भेज दिया गया। इस डर से कि कहीं गेस्टापो (नाजी जर्मनी की सरकारी सीक्रेट पुलिस) गिरफ्तार न कर ले, उन्होंने अपना सबकुछ बेच दिया और उससे मिले पैसे अपने दोस्तों को दे दिए, ताकि वे उनके बेटे को अपने फार्म में पाल-पोसकर बड़ा करें। फार्म में कपेकी को गेहूँ को उगाना, उसकी कटाई और छँटाई करनी पड़ती थी तथा उसे पिसवाने के लिए मिल वाले के पास जाना पड़ता था। उनकी माँ ने जो पैसे दिए थे, वे खत्म हो गए और साढ़े चार साल की उम्र में उन्हें अपना पेट खुद पालने पर मजबूर होना पड़ा। वे सड़कों पर रहने लगे। कभी दूसरे बेघर बच्चों की जमात में शामिल हो जाते तो कभी अनाथालयों में रहते। अधिकांशतया उन्हें भूखे पेट ही रहना पड़ता था। उन्होंने अपना अंतिम वर्ष रेगियो एमिलिया शहर में बिताया, जहाँ उन्हें कुपोषण के कारण भरती कराया गया था। यहीं उनकी मुलाकात अपनी माँ से नौवें जन्मदिन पर हुई, जो उन्हें एक साल से ढूँढ़ रही थी। कुछ ही हफ्तों में कपेकी और उनकी माँ जहाज से अमेरिका रवाना हो गए, जहाँ उनके चाचा और चाची रहते थे।

---

* जे.एन.एन. इंस्टीट्यूट ऑफ इंजीनियरिंग के स्नातक दिवस पर संबोधन, चेन्नई, 14 जून, 2013।

कपेकी ने तीसरी क्लास की पढ़ाई नए सिरे से शुरू की। बाद में उन्होंने राजनीति-शास्त्र की पढ़ाई की, लेकिन उसमें उनका मन नहीं लगा और उन्होंने कोर्स में बदलाव कर साइंस पढ़ना शुरू किया तथा सन् 1961 में मैथेमेटिक्स ग्रेजुएट बने, साथ ही फिजिक्स व केमिस्ट्री में डबल मेजर भी किया। वैसे उन्हें फिजिक्स और उसकी सुंदरता और सरलता सचमुच अच्छी लगती थी, फिर भी डी.एन.ए. की संरचना के सह-आविष्कारक जेम्स डी. वाटसन के कहने पर उन्होंने ग्रेजुएट स्कूल में आणविक जीव-विज्ञान का विषय ले लिया।

कपेकी जीन लक्ष्यीकरण करना चाहते थे। उन्होंने अपने प्रयोगों की शुरुआत सन् 1980 में की और 1984 तक उन्हें पूर्ण सफलता मिल गई। तीन वर्षों बाद उन्होंने इस तकनीक का प्रयोग चूहे पर किया। 1989 में उन्होंने लक्षित म्यूटेशन के साथ पहला चूहा विकसित किया। कपेकी की ओर से तैयार तकनीक की मदद से शोधकर्ता जब चाहें, किसी भी चूहे के जेनेटिक कोड में विशेष जीन म्यूटेशन कर सकते हैं। इस प्रकार, जीन सीक्वेंस में हेर-फेर से शोधकर्ता मनुष्यों की बीमारी को जानवरों में उतार सकते हैं।

मारियो कपेकी का शोध मनुष्यों के स्वास्थ्य के लिए कमाल का है। चूहे पर किया गया उनका प्रयोग अलजाइमर रोग या कैंसर का भी इलाज कर सकता है। जेनेटिक्स में उनके आविष्कारों के कारण उन्हें वर्ष 2007 में 'नोबेल पुरस्कार' दिया गया।

□

एक वैज्ञानिक का कर्तव्य*

सर सी.वी. रमण उन कुछ पहले लोगों में से एक थे, जिन्हें देश के सर्वोच्च नागरिक सम्मान, 'भारत रत्न' से नवाजा गया था। सम्मान समारोह जनवरी के आखिरी हफ्ते में वर्ष 1954 के गणतंत्र दिवस समारोह के कुछ ही दिनों बाद होना था। तत्कालीन राष्ट्रपति डॉ. राजेंद्र प्रसाद ने सी.वी. रमण को पत्र लिखा और सम्मान समारोह के लिए उन्हें अपना निजी मेहमान बनने का निमंत्रण भेजा। रमण ने विनम्रता से पत्र लिखकर आने में असमर्थता जता दी। उनके पास सम्मान समारोह में शामिल न हो पाने का एक बड़ा कारण था। उन्होंने राष्ट्रपति को बताया कि वह एक पी-एच.डी. छात्र का मार्गदर्शन कर रहे थे और उसकी थीसिस संभवतः जनवरी की आखिरी तारीख तक पूरी होनी थी। वह छात्र उसे समाप्त करने में दिन-रात जुटा था और रमण को लगा कि उन्हें अपने छात्र के साथ रहना चाहिए, उसकी थीसिस को पूरा करवाना चाहिए तथा उसके गाइड के तौर पर उस पर दस्तखत कर उसे जमा करवाना चाहिए।

यह एक ऐसे वैज्ञानिक की कहानी है, जिसने सर्वोच्च सम्मान के साथ जुड़े भव्य समारोह की चमक-दमक का मोह इस कारण छोड़ दिया, क्योंकि

---

* खलीफा यूनिवर्सिटी ऑफ साइंस, टेक्नोलॉजी एंड रिसर्च के छात्रों को संबोधन, शारजाह, यू.ए.ई, 6 नवंबर, 2013।

उन्हें लगा कि उन्हें अपने कर्तव्य के अनुसार शोधकर्ता छात्र के साथ रहना चाहिए। इस विद्वत्तापूर्ण सोच से ही विज्ञान का निर्माण होता है। निस्संदेह यह शोध से संबंधित तमाम गाइड और शिक्षकों के लिए एक संदेश है।

□

एक अदम्य उत्साह*

मैं सी.वी. रमण की ओर से 82 वर्ष की उम्र में दिए गए उस महान् आह्वान की याद दिलाना चाहूँगा, जिसमें उन्होंने कहा था कि हमारा उत्साह अदम्य होना चाहिए। उनका संदेश आज भी मेरे मन में गूँज रहा है, ''मैं अपने सामने बैठे युवकों और युवतियों से कहूँगा कि उन्हें कभी भी हिम्मत नहीं हारनी चाहिए। आप सफल तभी होंगे, जब आप अपने सामने खड़ी चुनौती का सामना साहस और समर्पण से करेंगे। मैं बिना किसी राग-द्वेष के कहना चाहूँगा कि भारतीय मस्तिष्क की गुणवत्ता ट्यूटॉनिक, नॉर्डिक या एंग्लो-सैक्सन मस्तिष्क के ही समान है।

''हमारे अंदर कमी है तो साहस की, प्रेरणादायी शक्ति की, जो हमें कहीं भी ले जा सकती है। मुझे लगता है कि हमारे अंदर एक हीन भावना आ गई है। मुझे लगता है कि भारत में आज हमें उस निराशावादी सोच को नष्ट करने की जरूरत है। हममें जीत की भावना होनी चाहिए—एक ऐसी भावना, जो हमें इस धरती पर अपना सही स्थान दिला सके। एक ऐसी भावना, जो यह पहचान ले कि हम एक गौरवशाली सभ्यता के वंशज हैं, जिन्हें इस धरती पर उचित स्थान मिलना चाहिए। यदि हमारे अंदर वह अदम्य उत्साह जाग जाए तो कोई भी हमसे हमारी सही जगह नहीं छीन सकता है।''

ज्ञान इस समीकरण के बराबर होता है—

ज्ञान=सृजनात्मकता+ईमानदारी+साहस+अदम्य उत्साह।

□

* प्रेसिडेंसी स्कूल के छात्रों से बातचीत, बंगलुरु, 29 अगस्त, 2010।

सपने देखो

डॉ. कलाम ने हमें हार या जीत के डर के बिना बड़े सपने देखना सिखाया। वे आज भी हमारे दिल में हैं। सबसे अहम यह कि उन्होंने इस संसार को दिखाया कि वे एक साधारण मनुष्य हैं, जिनके सपने बहुत बड़े हैं। हमें इस संसार को जीने की एक बेहतर जगह बनाने के लिए संघर्ष करना चाहिए और भारत को वह सफलता दिलानी चाहिए, जिसका उन्होंने सपना देखा था।

—एन. चंद्रबाबू नायडू

मुख्यमंत्री, आंध्र प्रदेश

कैसे मुझे अपने पंख मिले*

मैं जब अपने बचपन के दिनों के बारे में सोचता हूँ तो मुझे शिवसुब्रह्मण्य अय्यर की याद आती है, जिन्होंने मुझे तब पढ़ाया था, जब मैं दस वर्ष का था और पहली कक्षा में था। वह हमारे स्कूल के एक बहुत अच्छे शिक्षक थे। हम सभी को उनकी क्लास बहुत अच्छी लगती थी और हम उन्हें बहुत ध्यान से सुना करते थे। एक दिन वे हमें पक्षियों की उड़ान के बारे में पढ़ा रहे थे। उन्होंने ब्लैकबोर्ड पर एक पक्षी का डायग्राम बनाया और उसके पंख, पूँछ एवं शरीर के साथ सिर दिखाया। उन्होंने बताया कि कैसे पक्षी उड़ान की तैयारी करते हैं और फिर उड़ जाते हैं। उन्होंने हमें यह भी बताया कि वे कैसे उड़ते समय अपनी दिशा बदलते हैं। वे करीब 25 मिनट तक बोलते रहे। हमें लिफ्ट के बारे में, ड्रैग के बारे में बताया और यह कहा कि पक्षी दस, बीस या तीस के झुंड में उड़ते हैं।

क्लास के आखिर में उन्होंने हमसे पूछा कि क्या हमने समझ लिया कि पक्षी कैसे उड़ते हैं? मैंने कहा कि मैं नहीं समझा—और तब शिक्षक ने दूसरे छात्रों से पूछा कि क्या उन्होंने समझ लिया या नहीं। कई छात्रों ने कहा कि उन्हें भी समझ नहीं आया। हमारा जवाब सुनकर वह नाराज नहीं हुए, क्योंकि वह एक समर्पित शिक्षक थे।

फिर मिस्टर अय्यर ने कहा कि वे हम सभी को समुद्र-तट पर ले चलेंगे। उस शाम पूरी क्लास रामेश्वरग के समुद्र-तट पर पहुँची। हमने सुहानी शाम

* स्कूल और दूरसंचार विभाग के शिक्षकों और छात्रों को संबोधन, भुवनेश्वर, जनवरी 2014।

के समय रेत के टीलों से टकराती और गरजती लहरों का लुत्फ उठाया। पक्षी उड़ रहे थे, मीठी आवाज में चहचहा रहे थे। उन्होंने दिखाया कि समुद्री पक्षी दस या बीस के झुंड में उड़ रहे थे। हमने पक्षियों की आकर्षक रचनाओं को देखा, जिनमें वे एक खास मकसद से उड़ रहे थे और हम यह देखकर चकित थे। उन्होंने हमसे कहा कि हम इस पर गौर करें कि वे उड़ते समय कैसे दिखते हैं। हमने उन्हें पंख फड़फड़ाते देखा। उन्होंने हमसे कहा कि हम उनकी पूँछ को और पंखों को फड़फड़ाने के साथ पूँछ को मोड़े जाने पर ध्यान दें। हमने बहुत ध्यान से देखा और पाया कि पक्षी उस तरीके का इस्तेमाल अपनी मनचाही दिशा में उड़ान भरने के लिए करते हैं।

फिर उन्होंने हमसे एक सवाल पूछा, "इंजन कहाँ है और उसे शक्ति कैसे मिलती है?" पक्षियों को उनके जीवन से शक्ति मिलती है और वे जो चाहते हैं, उससे प्रेरित होते हैं। पंद्रह मिनट में हमें सारी बातें बता दी गईं और हमने इस व्यावहारिक उदाहरण की मदद से पक्षियों की उड़ान की गतिशीलता को समझ लिया। तब कितना मजा आया था! हमारे शिक्षक बहुत अच्छे थे। वे हमें सैद्धांतिक ज्ञान देने के साथ ही प्रकृति से उसका व्यावहारिक उदाहरण भी दिखाते थे। मुझे लगता है कि सही शिक्षा ऐसी ही होती है।

मेरे लिए यह इतना समझना ही नहीं था कि पक्षी कैसे उड़ते हैं। पक्षी की उड़ान मेरे अंदर समा गई और अंदर एक खास एहसास जगा। उस शाम के बाद मैंने तय किया कि भविष्य में मैं उड़ान और उड़ान प्रणाली की शिक्षा ग्रहण करूँगा। मेरे शिक्षक की ओर से दी गई शिक्षा तथा उस दिन की घटना ने मेरे भविष्य के कॅरियर को तय कर दिया। फिर एक शाम, क्लास के बाद, मैंने अपने शिक्षक से पूछा, "सर, कृपया बताइए कि उड़ान के बारे में सबकुछ जानने के लिए कैसे आगे बढ़ूँ?" उन्होंने धैर्य के साथ मुझसे कहा कि पहले मुझे अपनी आठवीं की पढ़ाई पूरी करनी चाहिए और फिर हाई स्कूल में दाखिला लेना चाहिए। उन्होंने बताया कि उसके बाद मुझे इंजीनियरिंग कॉलेज जाकर पढ़ाई करनी होगी, जहाँ मैं उड़ान के बारे में पढ़ सकता हूँ। यदि मैंने अपनी शिक्षा शानदार तरीके से पूरी कर ली तो मैं उड़ान के विज्ञान के क्षेत्र

में कुछ बड़ा कर सकता हूँ।

यह सलाह और वह अभ्यास, जिसे उन्होंने हमें दिखाया, उसने मुझे एक लक्ष्य और पूरे जीवन के लिए एक मिशन दे दिया। मैं जब कॉलेज में पहुँचा तो मैंने भौतिकी की पढ़ाई की। मैं जब इंजीनियरिंग की पढ़ाई के लिए मद्रास इंस्टीट्यूट ऑफ टेक्नोलॉजी पहुँचा तो मैंने एरोनॉटिकल इंजीनियरिंग में विशिष्टता हासिल की।

इस प्रकार मेरा जीवन एक रॉकेट इंजीनियर, एयरोस्पेस इंजीनियर और टेक्नोलॉजिस्ट के रूप में परिवर्तित हो गया। मेरे शिक्षक की ओर से पढ़ाया गया एक दिलचस्प सबक और फिर एक सजीव उदाहरण से उसे समझाने की घटना मेरे जीवन का एक ऐसा मोड़ साबित हुई, जिसने आगे चलकर मेरे पेशे को स्वरूप दे दिया।

□

युवा मन की शक्ति*

वर्ष 2005 में मैंने दिल्ली में शंकर अंतरराष्ट्रीय बाल प्रतियोगिता के सम्मान समारोह में हिस्सा लिया था। वहाँ मुझे तेरह साल की बच्ची आर्ध्रा कृष्णा की कल्पना को समझने का मौका मिला कि धरती पर हमारी सभ्यता करीब वर्ष 3,000 में कैसी दिखेगी। उसकी कल्पना के अनुसार, धरती के लोगों को मंगल पर जाने के लिए बाध्य किया गया, जहाँ उन्होंने एक शानदार सभ्यता का निर्माण कर लिया है। इस उन्नत सभ्यता पर अचानक बृहस्पति के एक क्षुद्र ग्रह का खतरा मँडराने लगता है, जिसकी कक्षा मंगल के करीब आ रही है और जो पूरे ग्रह को तबाह कर सकता है। मंगल पर मौजूद वैज्ञानिकों ने करीब आ रहे क्षुद्र ग्रह पर न्यूक्लियर तोप दागने की एकदम नई योजना तैयार की है।

उस बमबारी ने उस क्षुद्र ग्रह को तबाह कर दिया और वर्ष 3,000 में मंगल ग्रह पर पृथ्वी निवासियों की सभ्यता ने अनोखे वैज्ञानिक प्रयोग की मदद से कुदरत के कहर से अपनी रक्षा की। एक बच्ची के मन में पैदा हुई यह कितनी शानदार वैज्ञानिक और तकनीकी सोच थी! मैं वाकई बहुत प्रभावित था! आर्ध्रा कृष्णा को पहला पुरस्कार मिला। मैं जिस वक्त उस छात्रा की कल्पना की सराहना कर रहा था, उसी समय अंतरिक्ष में एक प्रयोग किया गया, जिसने उस छात्रा की कल्पना को कुछ हद तक सार्थक बना दिया।

4 जुलाई, 2005 को नासा का अंतरिक्ष यान 'डीप इंपैक्ट' टेंपेल 1 नाम

---

* एयरोस्पेस महोत्सव, 2013 के उद्घाटन अवसर पर संबोधन, तंजौर, 21 जनवरी, 2013।

के धूमकेतु से टकराया। वह टक्कर इतनी जोरदार थी कि धूमकेतु में एक फुटबॉल स्टेडियम के आकार का गड्ढा बन गया, जिसकी गहराई चौदह मंजिला इमारत के बराबर थी। श्याम भास्करन द्वारा अंतरिक्ष यान को ग्राउंड कंट्रोल सिस्टम से दूर ले जाया गया। 'डीप इंपैक्ट' ने 172 दिनों में पृथ्वी की कक्षा से बाहर जाकर 43.1 करोड़ किलोमीटर की दूरी तय की और पृथ्वी से 13.4 करोड़ किलोमीटर की दूरी पर धूमकेतु का आमना-सामना किया। वह धूमकेतु प्रत्येक साढ़े पाँच वर्ष में सूर्य का एक चक्कर लगा रहा था। यह रेडियो संचार प्रणाली और अंतरिक्ष की खोज की दिशा में एक ऐतिहासिक उपलब्धि थी। भविष्य में धूमकेतुओं को पृथ्वी से टकराने से पहले रोकने और उनका मुकाबला करने की मानक तकनीक ईजाद करने की दिशा में भी यह महत्त्वपूर्ण मील का पत्थर साबित हुई।

ऐसी ही दूसरी घटना तब हुई, जब मैं अमेरिका के पेसिडिना की जेट प्रोपल्शन लैबोरेटरी (जे.पी.एल.) और मार्स रोवर प्रोटोटाइप प्रयोगशाला के दौरे पर था। मैं 21 सितंबर, 2007 को हुई इस घटना के बारे में बताना चाहूँगा। जेनी नाम की एक युवती ने मुझे विस्तार से बताया था कि कैसे मार्स रोवर को विकसित किया जा रहा है। उस प्रभावशाली प्रेजेंटेशन के बाद जे.पी.एल. के डिप्टी डायरेक्टर ने मुझे उस युवती की पेशेवर उपलब्धियों के बारे में बताया। आठवीं कक्षा में ही उस युवती में मंगल ग्रह को लेकर एक गहरी दिलचस्पी पैदा हुई। उसने आगे चलकर मेकैनिकल इंजीनियरिंग की पढ़ाई की। इस दौरान कई छात्रों की तरह ही उसने एक मशहूर रेस्तराँ में भी काम किया, जहाँ अमूमन भारी भीड़ रहती थी। उसकी मुलाकात अकसर एक दंपती से होती थी। उसने अपने काम से उन दोनों को प्रभावित कर दिया था। उन्होंने उससे पूछा, "क्या तुम इस काम को ही अपना पेशा बनानेवाली हो?" उसने उत्तर दिया, "बिल्कुल नहीं। मेरी नजर मंगल की खोज पर टिकी है।"

कुछ दिनों बाद, जब उसके लिए वह दिन बेहद व्यस्त था, तब वही दंपती फिर से वहाँ आया और उन्होंने उसे बुलाकर जे.पी.एल. से आए एक समूह से मिलवाया। वह बहुत खुश हुई और उसने अपने सपने के बारे में

बताया। जल्द ही उसे बुलावा आया और जे.पी.एल. में एक नौकरी का प्रस्ताव दिया गया। उसे मार्स रोबोटिक लैब में काम करने के लिए बुलाया गया था। उसकी खुशी का ठिकाना नहीं रहा। वह मार्स रोवर विकसित करनेवाली टीम के सदस्य के रूप में बहुत खुश थी।

इन दो घटनाओं से पता चलता है कि जाग्रत् मन में कितनी शक्ति होती है। युवाओं का जाग्रत् मन इस धरती पर, इसके नीचे और इसके ऊपर सबसे सशक्त संसाधन है।

□

असंभव को संभव बनाओ*

मैं आप सबको एक वास्तविक जीवन की घटना सुनाना चाहता हूँ, जो दो दशक पहले होनोलुलू में घटी। मैंने इस घटना के बारे में स्टीफन आर. कोवी की पुस्तक 'एवरीडे ग्रेटनेस' में पढ़ा था। गैरी और लिंडी कुनिशिमा की दो बेटियाँ थीं—तेरह साल की ट्रुडी और नौ साल की जेनिफर तथा एक छोटा बेटा भी था। अठारह महीने की उम्र में गैरी ने देखा कि उसके बेटे स्टीवन में कुछ अजीब सी बात है। सीटी स्केन से पता चला कि स्टीवन का वर्मिस यानी मस्तिष्क का वह क्षेत्र, जो शरीर से मांसपेशियों को संदेश भेजने का काम करता है, विकसित ही नहीं हुआ था। न्यूरोलॉजिस्ट ने उन्हें बताया कि स्टीवन कभी चल-फिर नहीं सकेगा और वह पूरी तरह से विकलांग है। कई दिनों तक गैरी ने न कुछ खाया, न ही उसे नींद आई। अपने पिता को दुःखी देखकर ट्रुडी ने डॉक्टर के आकलन को चुनौती दे दी और यह कह दिया कि डॉक्टर ने स्टीवन के बारे में जो कुछ कहा, उस पर उसे यकीन नहीं है। उसने शपथ ली कि वह अपनी माँ की मदद तब तक करेगी, जब तक कि स्टीवन सामान्य न हो जाए। रात के खाने की टेबल पर वे हर दिन स्टीवन को एक पैसेज पढ़कर सुनाते थे। यह एक आदत की तरह हो गई। जेनिफर और ट्रुडी ने स्टीवन से प्रश्न भी पूछे और उसे पुस्तक में दिए गए जानवरों तथा लोगों के बारे में भी बताया। कई हफ्तों तक स्टीवन किसी भी प्रकार की कोई प्रतिक्रिया नहीं करता था।

---

* 11वें पुस्तक मेले में संबोधन, लखनऊ, 27 सितंबर, 2013।

तीन महीने बाद एक दिन शाम के समय स्टीवन अचानक कुशन के बीच से रेंगने की कोशिश करने लगा। पूरा परिवार उसे बच्चों की किताबों की तरफ बढ़ता देख रहा था। स्टीवन ने एक पुस्तक को पकड़ा, उसके पन्नों को पलटने लगा और जब तक उसकी नजर जानवरों की तसवीरों पर नहीं पड़ी, तब तक वह नहीं रुका। अगली रात जेनिफर अपने भाई को कहानी सुनाने की तैयारी कर ही रही थी कि उसका भाई रेंगता हुआ उसी पुस्तक के पास पहुँचा और उसी पन्ने को फिर से खोल लिया। इससे पता चला कि स्टीवन के अंदर याददाश्त विकसित हो चुकी है, जो लगातार बेहतर होती जा रही थी। टुडी और जेनिफर ने स्टीवन की मौजूदगी में पियानो बजाया। एक दिन प्रैक्टिस के दौरान जब स्टीवन पियानो के अंदर घुस गया था, तब जेनिफर ने उसे गोद में उठाया। वह एक नई आवाज निकाल रहा था। वह उसी संगीत को गुनगुना रहा था! परिवार ने एक मसाज स्कूल की मदद से स्टीवन की मांसपेशियों को बनाने का काम शुरू किया। गैरी, टुडी और जेनिफर ने बच्चे के होंठ पर मूँगफली से बना मक्खन लगाया। उसे चाटने से उसकी जीभ और जबड़े की कसरत हुई। स्टीवन जब साढ़े चार साल का हुआ, तब तक वह एक भी शब्द नहीं बोल पाता था; लेकिन 'आह' और 'वाह' जैसी आवाजें निकलता था और उसकी याददाश्त गजब की थी। 300 टुकड़ोंवाले एक जिगसॉ पजल को देखने के बाद वह सारे टुकड़ों को जोड़कर ही दम लेता था।

कई बार अस्वीकार कर दिए जाने के बाद स्टीवन को प्रीस्कूल में दाखिला मिल गया। रॉबर्ट एलन मॉण्टेसरी स्कूल के तत्कालीन डायरेक्टर लुइस बोगार्ट ने पाया कि स्टीवन सबकुछ समझ लेना चाहता था।

एक दिन बोगार्ट किनारे खड़ी थीं और देख रही थीं कि टीचर किसी दूसरे बच्चे को नंबर सिखा रही थी। टीचर ने पूछा, "अगला नंबर कौन सा आएगा?" बच्चा कुछ बता नहीं पाया। "सत्ताईस!" अचानक स्टीवन बोल पड़ा। बोगार्ट उसकी तरफ घूमीं। स्टीवन ने साफ-साफ नहीं कहा था, लेकिन उसका जवाब बिल्कुल सही था। बोगार्ट टीचर के पास पहुँचीं। "क्या स्टीवन ने पहले कोई अभ्यास किया था?" उन्होंने पूछा।

"नहीं!" टीचर ने जवाब दिया। "हमने उसे एक से दस तक के नंबर कई बार सिखाए; लेकिन हमें नहीं पता था कि उसने दस से आगे के नंबर भी सीख लिये हैं।" बोगार्ट ने यह बात स्टीवन की माँ को बताई। वह बोलीं, "स्टीवन बहुत क्षमतावान है। यह तो बस उसकी शुरुआत है।"

वह हाथों के इस्तेमाल में काफी कमजोर था, इसलिए जेनिफर, गैरी और ट्रुडी ने उसकी लिखावट को पढ़ने लायक बनाने पर मेहनत की। "मैं कर सकता हूँ।" स्टीवन ने एक दिन जेनिफर को भरोसा दिया। "बस, मुझे थोड़ा समय दो।" उसके बाद स्टीवन ने लगातार सुधार करना जारी रखा और वर्ष 1990 में उसे मुख्यधारा के कैथोलिक स्कूल में दाखिला मिल गया।

किसी बच्चे को ठीक करने की यह सामूहिक प्रतिबद्धता थी, जिसने असंभव को पूरी तरह से संभव कर दिखाया।

□

कला का महारथी*

19 नवंबर को मेरे घर कुछ दिलचस्प मेहमान आए। वे 88 वर्ष की एक महिला और उनकी बेटी थे, जो जवाहरलाल नेहरू विश्वविद्यालय में प्रोफेसर थीं और उनके दामाद एक पत्रकार थे। उन्होंने मुझसे अपनी महत्त्वाकांक्षा के बारे में बात की और बताया कि कैसे एक रूढ़िवादी परिवार में रहने के कारण उसे स्नातक की डिग्री के लिए भी संघर्ष करना पड़ा, जब उनकी औपचारिक शिक्षा केवल पाँचवीं क्लास तक हुई। इस महिला का नाम है सेतु रामास्वामी। उन्होंने मुझे एक पुस्तक दी, जिसका शीर्षक था 'ब्राइड एट टेन, मदर एट फिफ्टीन', जिसे उन्होंने ही लिखा था। शादी, जबरदस्त पारिवारिक दायित्व, बच्चे, बच्चों के बच्चे और उनके भी बच्चों ने तथा पारिवारिक परिस्थिति ने स्नातक करने की उनकी इच्छा को पूरा नहीं होने दिया। ज्ञान के लिए प्रयासरत रहने का ही परिणाम था कि एक दिन वह पोस्ट ग्रेजुएट भी हो गईं। उनकी शादी दस वर्ष की उम्र में ही एक स्वतंत्र पत्रकार से कर दी गई और पंद्रह वर्ष की उम्र में वह माँ बन गईं। अपनी पुस्तक में वह कहती हैं, "अनगिनत भारतीय गृहिणयों के समान ही मैं अपने पूरे जीवन में एक अज्ञात माँ थी। एक माँ, जिसकी कोई सार्थकता नहीं थी, लेकिन अस्सी की उम्र में मैं एक जानी-मानी भारतीय महिला बन गई, कुछ हद तक सार्थक शख्सियत। उस समय तक मैंने अपने जीवन में क्या हासिल किया था? मैंने

---

* अरुविप्पुरम शिव मंदिर के 125वें अभिषेक पर शैक्षिक सेमिनार के उद्‍घाटन पर संबोधन, नय्यतिनकर, 28 जनवरी, 2013।

छह बेटियों का पालन-पोषण किया था, जिनमें से पहली तब पैदा हुई, जब मैं पंद्रह वर्ष की थी। अंतिम पैदा हुई तक मैं उनतीस की थी।'

यह एक ऐसी महिला की कहानी है, जो दो देशों में रही और जिसने अपने परिवार को पारंपरिकता से आधुनिकता की ओर परिवर्तित होते देखा। अपनी बेटियों की परवरिश के दौरान उन्होंने जीवन में आए उतार-चढ़ाव को देखा। मैं इस अदम्य साहस की बात को सुनकर हैरान रह गया। उन्होंने अपने जीवन के सपने को आखिरकार अस्सी वर्ष की उम्र में पूरा किया। उन्होंने अपनी बेटियों के बच्चों की देखभाल करते हुए भी बस, काम-ही-काम किया था। अपनी सारी पारिवारिक जिम्मेदारियों के बावजूद उन्होंने हर किसी से खुशी के साथ यह कहा कि वह अठहत्तर वर्ष की उम्र में अन्नामलाई यूनिवर्सिटी के दिल्ली केंद्र से, दूरस्थ शिक्षा के माध्यम से, एम.ए. की पढ़ाई कर रही हैं। उन्होंने जब एम.ए. की परीक्षा पास कर ली, तब गर्व से कहा, "मैंने एम.ए. पास कर लिया और मेरी डिग्री पोस्ट से आई है। यह बस सेकंड डिवीजन ही है; लेकिन आखिर में मैंने अपने एक बड़े सपने को पूरा किया, उस इच्छा को, जो मेरे अंदर पल रही थी।" हमें इससे यह संदेश मिलता है—उम्र से कोई फर्क नहीं पड़ता, यदि जीवन में आपका लक्ष्य महान् है तो आप उसे अवश्य प्राप्त करेंगे।

□

मैं यह कर सकता हूँ*

मेरी मुलाकात जब राष्ट्रपति भवन में लीड इंडिया 2020 के जनजातीय छात्रों से हुई, तब मैंने उन सभी से एक प्रश्न किया, "तुम क्या बनना चाहते हो?" अनेक उत्तरों में से एक उस बच्चे का भी था, जो देख नहीं सकता था और नौवीं क्लास में पढ़ रहा था। उसका नाम श्रीकांत था। उसने कहा, "मैं भारत का पहला नेत्रहीन राष्ट्रपति बनूँगा।" मैं उसकी दूरदर्शिता और लक्ष्य को देखकर बहुत खुश था, क्योंकि मुझे लगता है कि एक छोटा-मोटा लक्ष्य रखना अपराध के समान है। मैंने उसके उद्देश्य के बारे में सुनकर उसे बधाई दी और कहा कि वह इस लक्ष्य की दिशा में काम करे।

उसके बाद उसने कड़ी मेहनत की और दसवीं कक्षा में 90 प्रतिशत तथा इंटरमीडिएट में 96 प्रतिशत अंक हासिल किए। साथ ही उसने अमेरिका के बोस्टन स्थित मैसाचुसेट्स इंस्टीट्यूट ऑफ टेक्नोलॉजी में इंजीनियरिंग की पढ़ाई करने का लक्ष्य रखा। उसके अथक परिश्रम का ही परिणाम था कि उसे न केवल वह सीट मिल गई, बल्कि फीस में भी पूरी छूट मिली। लीड इंडिया 2020 की पहल के अंतर्गत उसने जो ट्रेनिंग हासिल की, उसने उसके लक्ष्य को और ऊँचा कर दिया। इस ट्रेनिंग के प्रभाव को देखकर लीड इंडिया 2020 और जनरल इलेक्ट्रिक (जी.ई.) के वॉलंटियर्स ने श्रीकांत के अमेरिका जाने का खर्च उठाया है। जी.ई. ने जब उसे स्नातक होने पर एक नौकरी का प्रस्ताव दिया तो उसने कहा कि वह निश्चित रूप से जी.ई. के पास लौटकर

* छात्रों और शिक्षकों को संबोधन, चंद्रपुर, 14 फरवरी, 2014।

आएगा, यदि वह भारत का राष्ट्रपति नहीं बन सका। नेत्रहीन होने के कारण जीवन में इतनी चुनौतियों और कठिनाइयों के बावजूद उस लड़के में कितना गजब का आत्मविश्वास है!

हाल ही में जब मैं शारीरिक रूप से विकलांग छात्रों के लिए तमिलनाडु सरकार और लीड इंडिया 2020 की ओर से कोयंबटूर में आयोजित एक बैठक में शामिल हुआ तो मुझे श्रीकांत और उसके शिक्षक से मिलने का मौका मिला। श्रीकांत कंप्यूटर साइंस और मैनेजमेंट की डिग्री के अपने चौथे साल में है। इन चार वर्षों में उसने एक कंपनी स्थापित की है, जो जैविक रूप से सड़नशील सामग्री के इस्तेमाल से उपभोग के सामान पैक करनेवाली चीजें बनाती है। उसने एक सामाजिक पहल भी शुरू की है, जिसमें युवाओं को स्किल डेवलपमेंट की ट्रेनिंग दी जाती है। उसने इस विषय पर प्रभावशाली और धारा-प्रवाह भाषण दिया कि कैसे विकलांगता के बावजूद मजबूत मन और दृढ़ इच्छा-शक्ति से चुनौतियों को पार कर सफलता प्राप्त की जा सकती है।

यहाँ यह संदेश छिपा है कि इससे कोई फर्क नहीं पड़ता कि आप क्या हैं। यदि आप में एक दृष्टि है और उसे प्राप्त करने का संकल्प है तो आप उसे अवश्य प्राप्त कर लेंगे।

□

मोची का बेटा*

लिंकन का जन्म वर्ष 1890 के फरवरी महीने में केंटुकी राज्य में हुआ था। वे जब केवल दस वर्ष के थे, तभी उनकी माँ की मृत्यु हो गई। वह अपने पिता के साथ इंडियाना के जंगलों में रहते थे, जहाँ अनेक जंगली जानवर थे। लिंकन की स्कूली शिक्षा महज अठारह महीने की हुई थी और वह काफी हद तक स्वयं-शिक्षित थे। उन्होंने खेतों में काम करते हुए, बाड़ों के लिए पटरियों को चीरते हुए और इलिनोइस के न्यू सालेम में एक स्टोर की देख-रेख के दौरान ज्ञान हासिल करने के असाधारण प्रयास किए। ब्लैक हॉक वॉर के समय लिंकन एक कैप्टन थे। उन्होंने इलिनोइस विधानसभा में आठ वर्ष का समय बिताया और अदालतों में कई साल तक प्रैक्टिस की। उनके साथी वकील ने उनके बारे में कहा था, "उनकी महत्त्वाकांक्षा एक छोटे इंजन के समान थी, जो रुकना नहीं जानती थी।" सन् 1858 में लिंकन ने सीनेटर पद के चुनाव में स्टीफन ए. डगलस को चुनौती दी। वह चुनाव हार गए, लेकिन डगलस के साथ होनेवाली डिबेट ने उन्हें देश में पहचान दिला दी, जिसके कारण सन् 1860 में उन्हें राष्ट्रपति पद के चुनाव में रिपब्लिकन पार्टी का उम्मीदवार बना दिया गया।

राष्ट्रपति के रूप में उन्होंने संघ की खातिर अधिकांश उत्तरी डेमोक्रेट्स को अपने साथ लिया। 1 जनवरी, 1863 को उन्होंने मुक्ति उद्घोषणा जारी की, जिसने संयुक्त राज्य के भीतर मौजूद सारे गुलामों को हमेशा के लिए

* भारतीय मंदिर और सांस्कृतिक केंद्र में संबोधन, केंटुकी, अमेरिका, 11 अप्रैल, 2010।

आजाद कर दिया। लिंकन को इस महान् कार्य के लिए याद किया जाता है।

बुर्जुआ, जो एक बहुत घमंडी आदमी था, वह लिंकन के सामने उस वक्त खड़ा हो गया, जब वह सीनेट में अपना पहला भाषण देने वाले थे। उसने कहा, ''मिस्टर लिंकन, इससे पहले कि आप कुछ कहें, मैं आपको याद दिलाना चाहूँगा कि आप एक मोची के बेटे हैं।'' पूरी सीनेट ठहाकों से गूँज उठी। वे उन्हें हरा नहीं सके, लेकिन उन्हें अपमानित जरूर किया। लेकिन लिंकन जैसे आदमी को अपमानित करना कठिन था।

लिंकन ने बुर्जुआ से कहा, ''मैं आपका बहुत आभारी हूँ कि आपने मुझे मेरे दिवंगत पिता की याद दिला दी। मैं हमेशा आपकी सलाह को याद रखूँगा। मैं जानता हूँ कि मैं कभी उतना महान् राष्ट्रपति नहीं बन पाऊँगा, जितने महान् मोची मेरे पिता थे।'' लिंकन ने जिस तरीके से जवाब दिया, उसे सुनकर वहाँ सन्नाटा छा गया।

और फिर उन्होंने बुर्जुआ से कहा, ''जहाँ तक मैं जानता हूँ, मेरे पिता आपके परिवार के लिए भी जूते बनाया करते थे। यदि आपको जूते चुभ रहे हैं या कोई समस्या है तो मैं कोई महान् मोची तो नहीं, लेकिन बचपन से ही उस कला को सीखा है। मैं उन्हें ठीक कर सकता हूँ और मैं सीनेट में हर किसी से यही कहना चाहूँगा, यदि मेरे पिता ने आपके भी जूते बनाए हैं और उनमें कोई सुधार चाहिए तो मैं हमेशा उपलब्ध हूँ। हाँ, एक बात निश्चित है कि मैं उनके जितना अच्छा नहीं हूँ। उनके हाथ में जादू था।''

और अपने पिता को याद कर उनकी आँखों में आँसू आ गए। बेशक, कुछ सीनेटर भी रोने लगे। यह घटना एक महान् नेता के अपमान की याद दिलाती है और सारी मानवता को एक सबक भी देती है।

□

उड़ना सीखो*

दिसंबर 2011 में मैं कोच्चि के निकट परवुर नाम के एक गाँव में था। मैं उस गाँव में विज्ञान की शिक्षा के प्रचार-प्रसार के लिए शास्त्रयान कार्यक्रम का उद्घाटन करने गया था। उस कार्यक्रम के दौरान परवुर पंचायत बोर्ड के अध्यक्ष और स्थानीय विधायक ने बताया कि शास्त्रयान का उद्देश्य विभिन्न स्कूलों के 2,000 छात्रों को प्रवेश परीक्षाओं की तैयारी कराना था, जिससे कि वे इंजीनियर, वैज्ञानिक, डॉक्टर, मैनेजर और सिविल सेवा के अधिकारी बन सकें। इससे गाँव के 2,000 परिवारों का सशक्तीकरण होगा। परवुर में 5,000 छात्रों और उनके परिवारों को मेरे उद्घाटन भाषण का शीर्षक था 'विज्ञान राष्ट्र को शक्ति प्रदान करता है'।

मेरे भाषण के बाद प्रश्न पूछने के लिए सैकड़ों हाथ उठ गए। चूँकि मेरे पास समय नहीं था, इसलिए मैंने वैसे ही बारह छात्रों को चुना, जो मुझसे सवाल कर सकते थे। मैं आपके साथ छात्रों द्वारा पूछे गए दो महत्त्वपूर्ण प्रश्न साझा करना चाहूँगा। दसवीं कक्षा की एक छात्रा ने मुझसे पूछा, "सर, अगले साल मुझे अपने स्पेशलाइजेशन के लिए एक विषय चुनना है। मुझे मनोविज्ञान पसंद है; लेकिन मेरे माता-पिता सहमत नहीं हैं। वे चाहते हैं कि मैं ऐसा विषय चुनूँ, जिससे मुझे किसी प्रोफेशनल कोर्स में दाखिला मिल जाए। मैं क्या करूँ?"

मैंने उस पर विचार किया और फिर उस लड़की से कहा, "तुम्हारे पास अपने माता-पिता को मनाने का एक बहुत बड़ा साधन है—उनके लिए प्रेम

---

* जम्मू छात्र सम्मेलन में संबोधन, जम्मू, 3 फरवरी, 2014।

और स्नेह। इसी प्रकार तुम्हारे माता-पिता भी तुमसे प्रेम करते हैं। वे तुम्हारी शिक्षा के लिए पैसे कमाते हैं और कभी-कभी उधार भी माँगते हैं। वे यह सुनिश्चित करना चाहेंगे कि आप अपने पेशेवर जीवन में अच्छा स्थान प्राप्त करें। लेकिन मैं तुम्हारे सपने का भी सम्मान करता हूँ और मुझे यकीन है कि तुम अपने माता-पिता को मना लोगी। यदि तुम्हें कोई और मदद चाहिए तो मैं भी तुम्हारे माता-पिता से बात कर सकता हूँ।''

सौभाग्य से लड़की के माता-पिता वहीं मौजूद थे। वे खड़े हो गए और कहा, ''हम इस लड़की के माता-पिता हैं, जिसने इतने साहस के साथ अपना प्रश्न पूछा। हम अपनी बेटी से प्यार करते हैं। हम निश्चित रूप से इसे इसके पसंदीदा विषय मनोविज्ञान को पढ़ने में मदद करेंगे।'' वहाँ मौजूद सारे लोगों ने उस माता-पिता और लड़की के लिए तालियाँ बजाईं और उनका सम्मान किया।

अगला महत्त्वपूर्ण प्रश्न एक लड़के की ओर से था, जो आठवीं कक्षा में पढ़ता था और बहुत दूर के किसी गाँव से शहर में आया था। वह घबराया हुआ था और भारतीय गाँवों के युवकों जैसा ही था। उस लड़के ने पहले अपना नाम बताया, ''मेरा नाम विष्णु है। मुझे पता नहीं कि आपसे क्या पूछना चाहिए। मैं घबराया हुआ हूँ। मैंने अपनी क्लास में भी कभी कोई प्रश्न नहीं पूछा। मेरे अंदर आत्मविश्वास की कमी है। पिछले सात साल से पढ़ाई कर रहा हूँ, लेकिन मुझे उससे आत्मविश्वास नहीं मिला। मुझे अपने शिक्षकों से बात करने में डर लगता है। मैं जब भी बात करता हूँ तो अपनी तुलना उन छात्रों से करता हूँ, जो अच्छे कपड़े पहनते हैं। डॉ. कलाम, कृपया मुझे बताएँ, मैं एक अनोखा व्यक्ति कैसे बन सकता हूँ? मैं मरीन इंजीनियर बनना चाहता हूँ। मैं जहाज में सफर करना चाहता हूँ। मैं किसी जहाज का कैप्टन बनना चाहता हूँ। मैं किसी जहाज के लिए इंजन बनाना चाहता हूँ। डॉ. कलाम, क्या मैं यह सब कर पाऊँगा? मैं इस मिशन को कैसे पूरा कर सकता हूँ? मुझे क्या करना चाहिए?''

उस लड़के ने जब अपना प्रश्न पूरा किया तो करीब 5,000 लोगों और मंच पर मुख्यमंत्री समेत मौजूद तमाम खास लोगों की नजर मुझ पर टिकी थी कि मैं गाँव के एक लड़के के ईमानदारी से पूछे गए सवाल का क्या जवाब

देने वाला हूँ। मैंने काफी देर तक उस प्रश्न पर विचार किया। मुझे लगा कि अब अपनी चुप्पी तोड़ देनी चाहिए।

मैंने कहा, "प्रिय विष्णु, तुमने मेरे सामने अब तक का ऐसा सबसे कठिन प्रश्न रखा है, जिसे उन लाखों छात्रों ने भी नहीं किया था, जिनसे मैं अब तक मिल चुका हूँ। विष्णु, तुम्हारा प्रश्न बहुत महत्त्वपूर्ण है। मुझे यह भी लगता है कि तुम्हारा प्रश्न लाखों ग्रामीण छात्रों की समस्या को उठा रहा है।"

फिर धीरे-धीरे मैंने उसे उत्तर देने का हौसला जुटाया, "चलो, हम दोनों एक सुंदर सी कविता 'आई विल फ्लाई' (मैं भी उड़ान भरूँगा) को दोहराते हैं।" मैंने कविता की शुरुआत की और विष्णु मेरे साथ उसकी पंक्तियों को दोहराने लगा—

मैं भी उड़ान भरूँगा

मैंने क्षमताओं के साथ लिया है जन्म,
जन्म से ही मुझमें है अच्छाई और आत्मविश्वास।
विचारों और सपनों के साथ
मैं इस दुनिया में आया,
महानता के साथ जन्म से है मेरा नाता।
जन्म से है मुझमें आत्मविश्वास,
पंखों के साथ ही हुआ मेरा जन्म।
मैं रेंगनेवालों में से नहीं हूँ,
मेरे पास हैं पंख, मैं भी उड़ान भरूँगा।
हाँ, उड़ान भरूँगा, उड़ान भरूँगा॥

विष्णु ने जब कविता का पाठ समाप्त किया तो उसकी आँखों से आँसू बह रहे थे। उसने कहा, "मुझे आत्मविश्वास मिल गया है। मैं जीतूँगा। जीतना है मुझे। मैं जीतकर दिखाऊँगा।"

और वह अपनी सीट पर बैठ गया।

□

इस संसार से परे*

एक सरल बालक, करीब दस वर्ष का, जो अपने माता-पिता के साथ इस जमीन पर पला-बढ़ा। वह एक धार्मिक लड़का है, जो प्रसिद्ध कूडालमणिक्यम मंदिर में अपने माता-पिता के साथ प्रार्थना करता है। वह एक रचनात्मक बालक है, जो केरल के सुंदर कथकली नृत्य को सीखने जाता है। उस छात्र में एक लगन है और वह नेशनल हाई स्कूल में पढ़ने जाता है तथा क्राइस्ट कॉलेज से ग्रेजुएशन करता है। वह लड़का सदैव उत्सुक प्रश्नों से भरा रहता था। वह बालक कोई और नहीं, बल्कि डॉ. कोप्पिलिल राधाकृष्णन थे, इसरो के चेयरमैन। इसरो—एक अंतरिक्ष अनुसंधान संगठन, जिसने भारत को अंतरिक्ष अनुसंधानकर्ता देशों में शामिल किया। आज वह इसरो को एक अनोखी संस्कृति के साथ चला रहे हैं, जिसमें 14,000 से अधिक इसरोकर्मी हैं, जो भारत को अंतरिक्ष अनुसंधान में चोटी का देश बनाना चाहते हैं।

अब मेरी ही तरह दर्शक दीर्घा में बैठे आप सभी लोग, विशेष रूप से इरिनजलाकुडा के युवा, यह सोच रहे होंगे कि क्या राधाकृष्णन को यह पता था, जब वह एक छोटे बच्चे थे, जब वह स्कूल या कॉलेज में पढ़ते थे कि एक दिन इसरो के चेयरमैन बनेंगे। केवल डॉ. राधाकृष्णन ही इस प्रश्न का उत्तर दे सकते हैं। लेकिन मैं यह बताने का प्रयास करता हूँ कि उन्होंने किस प्रकार इसरो के चेयरमैन का प्रतिष्ठित पद प्राप्त किया।

---

* डॉ. के. राधाकृष्णन, चेयरमैन, भारतीय अंतरिक्ष अनुसंधान संगठन (इसरो) के सम्मान समारोह में संबोधन, इरिनजलाकुडा, 29 जनवरी, 2010।

एक बालक के रूप में जब उन्होंने उस मंदिर की ऊँचाई को देखा, जब इरिनजलाकुडा के नारियल के उन विशाल पेड़ों को देखा, जब अपने शहर की दो नदियों को देखा, जब उन्होंने कुछ महान् हस्तियों के उदाहरण देते अपने शिक्षकों को सुना, तब उस बालक के मन में एक बीज डाला जा चुका था। वह जब कथकली सीख रहे थे, तब महाकाव्यों के नायकों ने उन्हें अवश्य प्रेरित किया होगा। कुछ पुस्तकें, जो उन्होंने एक बालक के रूप में पढ़ी होंगी, उनसे उनकी सोच को नई ऊँचाई मिली होगी। इस पृष्ठभूमि में युवा राधाकृष्णन के पास निश्चित रूप से अपनी एक आकांक्षा होगी। उन्होंने यह सपना देखा होगा, 'बड़े शहरों के अपने साथियों की तरह जीवन में उस महान् ऊँचाई तक पहुँचने के लिए मुझे उड़ना है, मुझे उड़ना है।' और इसमें कोई शक नहीं कि शिक्षा के क्षेत्र में सक्रिय उनके पूर्वजों की विरासत ने भी इसमें योगदान दिया होगा।

राधाकृष्णन एक लक्ष्य के साथ पले-बढ़े और वह उस महान् लक्ष्य को लेकर उड़ान भरते रहे तथा निरंतर ज्ञान की प्राप्ति करते रहे। उनका संपर्क महान् विचारकों, महान् शिक्षकों और केरल के प्रसिद्ध कवियों से हुआ। उन्होंने विश्वेश्वरैया जैसे महान् इंजीनियरों, सी.वी. रमण जैसे महान् वैज्ञानिकों और श्रीनिवास रामानुजन जैसे महान् गणितज्ञों के बारे में जाना। इन सबसे कहीं अधिक वह अपनी पारिवारिक परंपराओं, स्थानीय संस्कृति और इरिनजलाकुडा के ज्ञान से भी काफी प्रभावित थे। उन्होंने अपने आसपास के माहौल से पूरे समर्पण के साथ कठोर परिश्रम करने की आदत डाली।

किसी भी महान् वैज्ञानिक, किसी भी महान् तकनीकी विशेषज्ञ या फिर किसी भी महान् नायक में दृढ़ता होनी चाहिए। दृढ़ता क्या होती है ? यह एक ऐसी विशेषता है, जिसे हम सभी इसरो के जाने-माने चेयरमैन प्रो. सतीश धवन से सीख सकते हैं। उन्होंने दृढता को परिभाषित किया था—आप जब भी कुछ हासिल करना चाहते हैं, जब एक महान् नायक बनना चाहते हैं, जब किसी महान् मिशन में शामिल रहते हैं, तब आप अच्छी तरह जानते हैं कि समस्याएँ खड़ी होंगी। एक नायक कभी समस्याओं को अपने ऊपर

हावी नहीं होने देता। वह समस्या पर हावी होता है, उसे पराजित करता है और सफल होता है।

इसरो का नेतृत्व करते हुए डॉ. राधाकृष्णन ने अपने आपको भविष्य की चुनौतियों के लिए तैयार किया है। एक बात निश्चित है। धर्म और आदर्शवाद के प्रतीक भरत को समर्पित कूडालमणिक्यम मंदिर तथा अनेक धर्मों के आध्यात्मिक सेतुवाले इरिनजलाकुडा के माहौल ने तथा जीवन की शुरुआत में उनके शिक्षकों के मार्गदर्शन ने उन्हें निश्चित रूप से प्रतिबद्ध बनाया। इसमें उन्होंने अनुसंधान में अपने मार्गदर्शक प्रो. सतीश धवन से दृढ़ता के गुण को सीखा और शामिल किया। इन अनोखे गुणों के भाग्यशाली संयोग तथा उन गुणों ने डॉ. राधाकृष्णन को स्वरूप दिया। इसलिए यह याद रखिए कि सपने विचारों का रूप लेते हैं, विचार कर्म का और ज्ञान आपको महान् बनाता है।

□

धन से बड़ा मन*

चित्रा और मुकुंदन नायर की पहली संतान पवित्रा मुकुंदन का जन्म अक्तूबर 1985 में आठवें महीने में ही हो गया था। जन्म के तुरंत बाद यह पता चला कि पवित्रा को जन्मजात हृदय रोग है। वह जब नब्बे दिन की थी, तब पेटेंट धमनी वाहिनी के लिए एक हार्ट सर्जरी की गई। वह जब एक वर्ष की हुई, तब उसके माता-पिता को लगा कि वह सुन नहीं सकती है। उसके शिशु रोग विशेषज्ञ से परामर्श के बाद वे ई.एन.टी. सर्जनों से मिले, जिन्होंने उन्हें ऑडियोलॉजिस्ट के पास भेजा। कई बार चक्कर लगाने के बाद यह पता चला कि उसे सुनने की क्षमता में दोतरफा न्यूरोलॉजिकल (गंभीर-से-गंभीर) समस्या है और उसे सुनने के यंत्र लगाए गए।

पवित्रा में खसरा (जर्मन खसरा) के भी लक्षण थे। संभवतः उसकी माँ को भी गर्भ के शुरुआती दिनों में खसरा की समस्या रही होगी। ऑडियोलॉजिस्ट की सलाह के मुताबिक मार्च 1987 में जब पवित्रा एक साल और पाँच महीने की थी, तब वह बाल विद्यालय के शुरुआती हस्तक्षेप कार्यक्रम में शामिल हुई।

बाल विद्यालय में पवित्रा पॉकेट मॉडलवाला श्रवण यंत्र पहनती थी। ऐसी बच्ची को डोरियों की सहायता से दो-दो श्रवण यंत्र लगाना बहुत मुश्किल था, जिसका वजन मात्र 9 किलोग्राम था। सरस्वती नारायण स्वामी पवित्रा की पहली शिक्षिका थीं। पवित्रा बहुत तेज, परिश्रमी और सुशील थी तथा उसके

---

* बाल विद्यालय (बधिर बच्चों का स्कूल) की 40वीं वर्षगाँठ के अवसर पर बच्चों को संबोधन और बातचीत, चेन्नई, 12 फरवरी, 2010।

माता-पिता का रुख काफी सहयोग करनेवाला था। वे भी उसके साथ कड़ी मेहनत करते थे। शुरुआत में वह बच्ची हर दिन एक घंटे के लिए स्कूल आती थी और उस दौरान उसकी माँ भी उसके साथ स्कूल में रहती थी। उसकी माँ की इस बात के लिए काउंसलिंग की गई कि वह अपनी बच्ची के बधिरपन को स्वीकार करें तथा उसे चुनौती के रूप में लें, न कि यह मान लें कि यह उनकी बच्ची के सपनों का अंत है।

जल्द ही स्कूल में उसके बैठने के समय को बढ़ाया गया। वल्ली अन्नामलाई और महालक्ष्मी भी अब शिक्षण टीम में शामिल हो गईं। पवित्रा की तरक्की में तेजी आई और वह सुनने की बुनियादी बातों को सीखने लगी। वह ध्वनि की मौजूदगी और गैर-मौजूदगी, सहायक ध्वनियों को उनके स्रोत के साथ पहचान लेती थी। ध्वनियों का फर्क तथा उसने कब क्या सुना, यह समझ लेती थी। वह उन चीजों को उठा लेती थी, जिनके नाम लिये जाते थे। पत्थर के टुकड़ों को उनके रंग और आकार के अनुसार चुनती थी, ब्लॉक्स को उनके आकार के अनुसार छाँटती थी और मोतियों को जैसा बताया जाता था, उस अनुसार गूँथ देती थी। ढाई साल की होते-होते पवित्रा सामान्य निर्देशों और छोटे वाक्यों को समझने लगी। उसे तसवीरें देखने में आनंद आने लगा। वह खुश रहने लगी और स्कूल की सारी गतिविधियों में शामिल होने लगी।

इस दौरान पवित्रा को प्रीस्कूल में डाला गया और उसे ऐसी गतिविधियों में शामिल किया गया, जिनसे पढ़ने, लिखने और नंबर सीखने की तैयारी शुरू हुई। वह शब्दों को तसवीरों के साथ, वाक्यों को उपयुक्त तसवीरों के साथ मैच करने लगी और सारे अभ्यासों में प्रदर्शन अच्छा रहने लगा। वह बिना रुके बातचीत करने लगी, सवालों के उत्तर देने लगी और बातचीत में सामान्य रूप से हिस्सा लेने लगी। अप्रैल 1991 में बाल विद्यालय में कोर्स पूरा करने के बाद पवित्रा को चेन्नई के चेतपेट स्थित चिन्मया विद्यालय की पहली कक्षा में भरती कराया गया।

नियमित स्कूल में पवित्रा की पढ़ाई-लिखाई उन बच्चों से काफी अच्छी मानी गई, जो सामान्य थे। स्कूल में उसकी तरक्की अच्छी थी और वह अपनी

क्लास में टॉप करनेवाले बच्चों में शामिल थी। उसकी माँ लगातार उसके नियमित स्कूल और बाल विद्यालय के संपर्क में रही। उन्हें जब भी कुछ पूछना होता, तब बाल विद्यालय के सदस्य उनकी मदद किया करते थे।

हालाँकि पवित्रा का वजन लगतार कम ही बना रहा। उसकी रीढ़ की हड्डी में टेढ़ापन आ गया और यह समस्या उसके तेरह या चौदह साल का होने तक और गंभीर हो गई; लेकिन पवित्रा का उत्साह सदैव ऊँचा बना रहा। वह हमेशा खुश रहती थी और उसके कई दोस्त थे। पवित्रा ने दसवीं के इम्तिहान दक्षता पुरस्कार के साथ पास किए तथा बारहवीं की बोर्ड परीक्षा में भी उसके बहुत अच्छे नंबर आए। उसने अपनी बी.कॉम. की पढ़ाई वीमेंस क्रिश्चियन कॉलेज, चेन्नई से की। अपने कॉलेज में उसका वक्त अच्छा बीता और उसने मद्रास यूनिवर्सिटी में एम.एस-सी. प्रोग्राम (इन्फॉरमेशन साइंस) में दाखिला लिया।

ग्रेजुएशन के बाद उसने डिजिटल लाइब्रेरियन के तौर पर एगमोर स्थित कोनेमारा पब्लिक लाइब्रेरी में नौकरी कर ली। बाद में लाइब्रेरी कंसल्टेंट के तौर पर उसने चेन्नई के एवरनॉन सिस्टम्स में काम किया। सुनने की क्षमता में कमी और पीठ पर कूबड़ के बावजूद पवित्रा आत्मविश्वास की एक मिसाल है। बाल विद्यालय ने विशेष बच्चों को मुख्यधारा में लाने और उन्हें देश की संपत्ति के रूप में परिवर्तित करने में सफलता प्राप्त की है।

□

स्टील के सपने*

यह सन् 1893 की घटना है। जापान से अमेरिका के लिए एक जहाज रवाना हो रहा था। उस जहाज पर सैकड़ों लोग सवार थे। उनमें दो मशहूर हस्तियाँ भी थीं—स्वामी विवेकानंद और जमशेदजी टाटा। स्वामीजी ने जमशेदजी से पूछा कि वह किस मिशन पर निकले हैं? जमशेदजी ने कहा कि वह भारत में स्टील उद्योग को लाना चाहते हैं। स्वामी विवेकानंद ने उन्हें शुभकामना दी। उन्होंने कहा कि स्टील तकनीक के दो घटक होते हैं—स्टील विज्ञान और भौतिक तकनीक। उन्होंने पूछा, ''भौतिक तकनीक के लिहाज से आप इस देश में क्या लाएँगे? आपको देश के अंदर भी भौतिक विज्ञान का निर्माण करना होगा।''

जमशेदजी ने इस बारे में सोचा और फिर एक फैसला किया। वह लंदन गए और स्टील कारखाने के लिए तकनीक के हस्तांतरण की माँग की। ब्रिटिश स्टील निर्माताओं ने जमशेदजी की ओर देखा और कहा कि यदि भारतीय स्टील बनाने लगे तो ब्रिटिश इसे समाप्त कर देंगे। जमशेदजी ने अटलांटिक महासागर पार किया और अमेरिकियों से बात की तथा स्टील निर्माण की तकनीक को भारत लेकर आए और इस प्रकार जमशेदपुर में टाटा स्टील की स्थापना हुई। जमशेदजी ने स्टील कारखाने की स्थापना की और वहाँ काम भी किया। आज वे वहाँ नहीं हैं, लेकिन 1 करोड़ टन स्टील का उत्पादन आज भी वहाँ से प्रतिवर्ष हो रहा है। जमशेदजी ने अपनी संपत्ति का एक

* जेम्स बी. स्कूल, चेन्नई में दीक्षांत भाषण, 11 अप्रैल, 2011।

हिस्सा एक साइंस इंस्टीट्यूट शुरू करने के लिए दिया, जिसे आज भारतीय विज्ञान संस्थान, बैंगलोर के नाम से जाना जाता है। मैं यह संदेश देना चाहूँगा कि सपने आपको दृष्टि देते हैं, दृष्टि से विचार मिलते हैं और विचार कर्म की ओर ले जाते हैं।

जमशेदजी भारत में दो प्रतिष्ठान लेकर आए—पहला एक स्टील प्लांट और दूसरा एक शैक्षणिक अनुसंधान संस्थान, जिसका आधार स्वामी विवेकानंद की दूरदर्शिता थी। जमशेदजी जैसे दूरदर्शी ने, स्वामीजी के आशीर्वाद से, वर्ष 1909 में भारतीय विज्ञान संस्थान की स्थापना की। देश के महान् विचारकों की दूरदर्शिता से स्थापित भारतीय विज्ञान संस्थान भारत का श्रेष्ठ वैज्ञानिक शोध संस्थान है, जहाँ स्नातकोत्तर की शिक्षा दी जाती है। स्वामी विवेकानंद की सोच के मुताबिक ही यहाँ भौतिक विज्ञान की बेहतरीन प्रयोगशाला है, जहाँ विभिन्न प्रयोगशालाओं और उद्योगों के लिए सामग्री के उत्पादन और विकास की दृष्टि से सर्वोत्तम शोध की सुविधा है। भारतीय विज्ञान संस्थान भौतिकी, एयरोस्पेस प्रौद्योगिकी, जीव-विज्ञान और बायोटेक्नोलॉजी जैसे विभिन्न क्षेत्रों के लिहाज से भी प्रतिष्ठित संस्थान है। यह एक ऐसा संस्थान है, जहाँ विभिन्न प्रकार की प्रौद्योगिकी जैसे बायोटेक्नोलॉजी, सूचना तकनीक और नैनोटेक्नोलॉजी एक साथ आकर मिलती हैं। इनसे प्राप्त परिणामों ने सोलर सेल की कार्य-कुशलता तथा हेल्थकेयर और विशेष रूप से ड्रग डिलिवरी सिस्टम में सुधार किया है।

□

अपने काम पर विश्वास*

गैलीलियो का जन्म इटली के पीसा में हुआ था और वह मशहूर संगीत-प्रेमी विनसेंजो गैलिली और गियुलिया अम्मानाती की छह संतानों में से चौथी संतान थे। उनके छह में से चार बच्चे शैशवकाल को जीवित पार कर सके तथा सबसे छोटा, माइकल एंजेलो विख्यात संगीतकार बना।

गैलीलियो जवानी के दिनों में पादरी ही बनना चाहते थे; लेकिन अपने पिता के कहने पर उन्होंने पीसा यूनिवर्सिटी में मेडिकल की डिग्री हासिल करने के लिए दाखिला ले लिया। उन्होंने मेडिकल की पढ़ाई बीच में ही छोड़ दी और उसकी बजाय गणित का अध्ययन किया। सन् 1589 में उन्हें पीसा में गणितज्ञ का पद दिया गया। सन् 1591 में उनके पिता की मृत्यु हो गई और अपने छोटे भाई माइकल एंजेलो की देखभाल की जिम्मेदारी उनके कंधों पर डाल दी गई।

सन् 1592 में वह पडुआ यूनिवर्सिटी चले गए, जहाँ 1610 तक ज्यामिति, यांत्रिकी और खगोल विज्ञान की शिक्षा दी। इस दौरान—गैलीलियो ने विशुद्ध विज्ञान और व्यावहारिक विज्ञान में अनेक महत्त्वपूर्ण आविष्कार किए। उनके अनेक पसंदीदा विषयों में से एक ज्योतिष का अध्ययन भी था, जिसे आधुनिक युग से पूर्व गणित और खगोल विज्ञान से जुड़ा विषय ही माना जाता था।

गैलीलियो द्वारा टेलीस्कोप का आविष्कार और सूर्य के लिहाज से हमारी धरती की गतिविधियों के संबंध में उनका पहला बयान एक महत्त्वपूर्ण खोज

* बाल विज्ञान कांग्रेस में संबोधन, तिरुवनंतपुरम, 4 जनवरी, 2010।

थी। उस खोज के कारण उन्हें कैद कर दिया गया; क्योंकि जब उन्होंने यह समझाने का प्रयास किया कि धरती गतिहीन है और वह विश्व का केंद्र नहीं है, तो लोगों ने उन्हें घृणा और गुस्से की नजर से देखा। धरती वास्तव में सूर्य के चक्कर लगाती है।

स्टीफन हॉकिंग ने कहा, "आधुनिक विज्ञान के जन्म का श्रेय गैलीलियो को संभवत: किसी भी अन्य व्यक्ति की अपेक्षा अधिक है।" गैलीलियो के जीवन से बच्चों को दो संदेश मिलते हैं—उन्हें उस विषय को पढ़ना चाहिए, जिसमें उनकी दिलचस्पी है और बिना किसी डर के सच का साथ देना चाहिए। □

सकारात्मक सोच की शक्ति*

हाल ही में मैं लेखक और अंतरराष्ट्रीय वक्ता मॉरिस गुडमैन के जीवन पर आधारित एक पुस्तक पढ़ रहा था। मुझे उन्हें पंढ़ने की और यह जानने की प्रेरणा मिली कि कैसे उनकी मन की शक्ति से उन्हें एक नया जीवन मिला। 10 मार्च, 1981 को गुडमैन एक विमान हादसे का शिकार हुए थे और उन्हें पूरी तरह से लकवा मार गया। उनकी रीढ़ की हड्डी चकनाचूर हो गई तथा गरदन की हड्डी टूट जाने से उनके निगलने की शक्ति भी जाती रही। वह न तो खा सकते था, न ही पी सकते थे। उनका डायाफ्रॉम खराब हो गया था। वह साँस भी नहीं ले पाते थे। बस, पलकें झपका सकते थे। डॉक्टरों ने कहा कि पूरी जिंदगी वह बिस्तर पर पड़े रहेंगे। उनकी हालत देखकर वह इसी नतीजे पर पहुँचे थे; लेकिन इससे कोई फर्क नहीं पड़ा कि वह क्या सोचते थे। असल बात यह थी कि मॉरिस गुडमैन अपने बारे में क्या सोचते थे। उन्होंने जो तसवीर देखी, उसके अनुसार वह फिर से सामान्य व्यक्ति बन जाएँगे। अस्पताल से उन्हें छुट्टी मिल जाएगी। उन्हें अस्पताल के अंदर ही अपने मन की शक्ति को बढ़ाना था। उनका कहना था कि एक बार आपने मन बना लिया तो आप फिर से चीजों को पहले जैसा कर सकते हैं। उन्हें रेस्पिरेटर पर रखा गया था, क्योंकि डॉक्टरों के मुताबिक वह स्वयं क़भी साँस नहीं ले सकेंगे। लेकिन उनके अंदर से बार-बार आती एक आवाज कह

* मौलाना आजाद मेडिकल कॉलेज के पूर्व छात्रों के संघ को संबोधन, नई दिल्ली, 20 दिसंबर, 2012

रही थी—गहरी साँस लो, गहरी साँस लो और आखिरकार उन्हें रेस्पिरेटर से छुटकारा मिल गया। डॉक्टर हतप्रभ थे। उनके पास कोई जवाब नहीं था। गुडमैन ने अपने मन में एक पल के लिए भी ऐसी बात नहीं आने दी, जो उन्हें उनकी कल्पना से भटका सके। उन्होंने तय कर रखा था कि वह क्रिसमस पर अस्पताल से चलते हुए बाहर जाएँगे और उन्होंने यह कर दिखाया। डॉक्टर कहते थे कि यह असंभव है। सच यह था कि वह अपने दोनों पैरों पर स्वयं चलकर गए। वह एक ऐसा दिन था, जिसे वह कभी नहीं भूल सकते। मॉरिस गुडमैन ने संसार को इन शब्दों में एक संदेश दिया—'इनसान वही बनता है, जो वह सोचता है।'

□

मेरा ड्राइवर डॉक्टर बन गया*

7 जनवरी, 2011 को मैं मीनाक्षी मिशन अस्पताल में बाल चिकित्सा ऑन्कोलॉजी कैंसर यूनिट का उद्‌घाटन करने के लिए मदुरै में मौजूद था। मैंने जब यह काम पूरा कर लिया, तब अचानक कोई मेरे पास आया। उसका चेहरा जाना-पहचाना-सा लगा। वह जब मेरे पास आया, तब मैंने पहचाना कि वह तो उस वक्त मेरा ड्राइवर हुआ करता था, जब मैं हैदराबाद में रक्षा अनुसंधान और विकास प्रयोगशाला में कार्यरत था।

मैं जब वहाँ काम कर रहा था, तब मेरा एक ड्राइवर था—वी. काथिरेसन, जो नौ साल तक दिन-रात मेरे साथ काम किया करता था। उस दौरान मैं अकसर उसे खाली समय में किताबें, अखबार और अच्छी पत्रिकाएँ पढ़ते देखता था। मैं उसके समर्पण को देखकर प्रभावित हुआ। मैंने उससे एक प्रश्न पूछा, "खाली समय में तुम्हें पढ़ने की इच्छा क्यों होती है ?" उसने कहा कि उसका एक बेटा है और एक बेटी है, जो उससे कई तरह के सवाल करते हैं। इस वजह से ही वह पढ़ता है, ताकि उनके प्रश्नों का सही जवाब दे सके। मैंने उससे कहा कि उसे दूरस्थ शिक्षा के माध्यम से औपचारिक शिक्षा लेनी चाहिए और मैंने उसे हाई स्कूल की पढ़ाई पूरी करने के लिए खाली समय दिया। फिर उसने उच्च शिक्षा के लिए भी आवेदन दिया। उसने उसे एक चुनौती के रूप में लिया और फिर उसने अपना कौशल बढ़ाना जारी रखा तथा अपनी शैक्षणिक योग्यता में भी सुधार करता गया। उसने बी.ए. (इतिहास),

---

* लखनऊ साहित्य महोत्सव में संबोधन, लखनऊ, 7 दिसंबर, 2013।

फिर एम.ए. (इतिहास) तथा एक और एम.ए. (राजनीति-शास्त्र) किया। उसने बी.एड. और एम.एड. की पढ़ाई भी पूरी कर ली।

उसने मेरे साथ वर्ष 1992 तक काम किया और फिर पी-एच.डी. के लिए मनोनमनियम सुंदरनर विश्वविद्यालय में रजिस्ट्रेशन कराया, जिसे उसने वर्ष 2001 में प्राप्त कर लिया। उसने तमिलनाडु सरकार के शिक्षा विभाग में नौकरी कर ली और कई वर्षों तक वहाँ सेवारत रहा। अब वर्ष 2010 में वह मदुरै के पास मेल्लूर में सरकारी आर्ट्स कॉलेज में एक सहायक प्रोफेसर बन गया है। इस प्रकार की प्रतिबद्धता और समर्पण के कारण उसने अपने खाली समय में सही प्रकार की योग्यता प्राप्त की, जिसने कॅरियर में उसकी तरक्की की रफ्तार बढ़ा दी और जीवन-स्तर को भी बेहतर बना दिया।

इससे यह संदेश मिलता है—इससे कोई फर्क नहीं पड़ता कि आप कौन हैं। यदि आप दूरदर्शी हैं और उस लक्ष्य को निरंतर ज्ञान की प्राप्ति से हासिल करने के लिए प्रतिबद्ध हैं तो आप निश्चित रूप से सफल रहेंगे। □

देना ही पाना है

'डॉ. कलाम एक सच्चे नायक थे। केवल इस कारण नहीं कि वह एक सफल और बौद्धिक भारतीय राष्ट्रपति थे, बल्कि इस कारण, क्योंकि वह हर प्रकार से एक सच्चे मानवतावादी थे। जरूरतमंदों की मदद के लिए भारत में अनेक एन.जी.ओ. के माध्यम से किए गए उनके कार्य दिखाते हैं कि हालात बदलने के प्रति वे अपने शब्दों और कर्मों से सच्चा समर्पण रखते थे।'

—शीला मूर्ति

संस्थापिका, मूर्ति लॉ फर्म, अमेरिका

करुणा के साथ सेवा*

सिस्टर एंटोनिया ब्रेनर मेक्सिको में जेल की एक कोठरी में रहती हैं। सन् 1986 में मेक्सिको में एड फॉर बाजा कैलिफोर्निया नाम के परोपकारी संगठन के लिए काम करते हुए पहली बार सिस्टर एंटोनिया किसी जेल में दाखिल हुई थीं। उन पर ऐसा गहरा प्रभाव पड़ा कि वह स्थायी और स्वैच्छिक रूप से वहाँ लौटने के लिए मजबूर हो गईं। वह हर दिन की शुरुआत जेल रोल कॉल से करती हैं। उनका दिन तब तक समाप्त नहीं होता, जब तक कि उनका नाम न पुकारा जाए। वह नौ बजे से पाँच बजे की नौकरी नहीं करती हैं। वह चौबीसों घंटे काम करती रहती हैं। वह पूरी जेल में बिना किसी सुरक्षा के घूमती हैं। करीब 2,500 से अधिक कैदियों को बौद्धिक और व्यावहारिक शिक्षा देती हैं। यदि किसी कैदी को कंबल या इलाज की आवश्यकता है, किसी व्यक्तिगत उपलब्धि के लिए प्रोत्साहन चाहिए या इच्छा है कि कोई उसे मन से गले लगा ले तो सिस्टर एंटोनिया उनकी हर जरूरत को पूरा करने के लिए मौजूद रहती हैं।

अधिकांश लोग जिन बातों को फिजूल समझते हैं, वे वहाँ के कैदियों के लिए चमत्कार के समान हैं और इसका श्रेय सिस्टर एंटोनिया को जाता है। वह उनकी ओर से व्यवस्थापकों से बात करती हैं। वह उनके परिवारों, बच्चों और बीमार रिश्तेदारों से मिलने जाती हैं, उन्हें बाहर की दुनिया की

* सेंट्रल फ्लोरिडा यूनिवर्सिटी (यू.सी.एफ.) के छात्रों को संबोधन और बातचीत, ओरलैंडो, अमेरिका, 27 सितंबर, 2012।

खबरें देती हैं। जेल के सभी स्त्री व पुरुष कैदियों के लिए सिस्टर एंटोनिया माँ के जैसी हैं, जो उन्हें जेल की चारदीवारी से निकलकर भविष्य बेहतर बनाने की बात बताती हैं।

सिस्टर एंटोनिया ने उन कैदियों के लिए वृद्धाश्रम कार्यक्रम भी चलाया है, जो लंबी बीमारी से जूझ रहे हैं। वह कहती हैं, ''लोग मुझसे कहते हैं कि कैदियों से उनके अधिकार छीन लेने चाहिए। यही उनके अपराधों की कीमत है, जिसे उन्हें चुकाना ही चाहिए।'' इस पर उनका जवाब क्या होता है, ''मैं कहती हूँ, उनसे स्वतंत्रता छीन लेनी चाहिए। हाँ, बिल्कुल। लेकिन जेल के अंदर प्रेम की सकारात्मक शक्ति को उनसे दूर करने का अर्थ है—हिंसात्मक और बदला लेनेवाली ऊर्जा को पैदा करना।'' उनका मानना है कि इस बुरी ऊर्जा को सकारात्मक दिशा में मोड़कर और लोगों को समाज में लौटाकर ही काबू किया जा सकता है। उन्होंने पुनर्वास को हकीकत में बदला है और कैदियों को उनका आत्मसम्मान लौटाया है। सिस्टर एंटोनिया बदले में कुछ नहीं चाहतीं, फिर भी उन लोगों के जीवन में बदलाव के लिए अपना सबकुछ न्योछावर कर देती हैं, जिन्हें अधिकांश लोग भूल जाना चाहते हैं।

स्टीफन आर. कोवी की पुस्तक 'एवरीडे ग्रेटनेस' में मैंने सिस्टर एंटोनिया के बारे में एक कहानी पढ़ी थी, जिसमें करुणा के साथ नेतृत्व पर बल दिया गया था।

मेक्सिको के ला मेसा जेल में दंगा हो रहा था। महज 600 कैदियों के लिए बने कंपाउंड में 2,500 कैदियों को ठूँस दिया गया था। वे गुस्से में उन पुलिसवालों पर टूटी बोतलें फेंक रहे थे, जो उन पर मशीनगनों से गोलियाँ चला रहे थे। फिर अचानक एक चौंकानेवाली तसवीर दिखी। एक छोटी से महिला, जिसका कद पाँच फीट दो इंच था और जिसकी उम्र तिरसठ साल थी, वह हाथ फैलाए उस भीड़ के बीच शांत मुद्रा में शांति बहाल करने का संकेत देती हुई दाखिल हुई। गोलियों की बौछार से बेपरवाह, वह एकदम शांत खड़ी रही और सभी से रुक जाने को कहा। अविश्वसनीय रूप से कैदी शांत हो गए। इस संसार में सिस्टर एंटोनिया के सिवाय और कोई ऐसा नहीं कर

सकता था। आखिर क्यों उन लोगों ने उनकी बात सुनी ? इसका कारण दशकों तक कैदियों के लिए की गई उनकी निस्स्वार्थ सेवा है। उन्होंने अपना पूरा जीवन कैदियों के लिए बलिदान कर दिया और उन हत्यारों, चोरों तथा ड्रग्स के सौदागरों के साथ जीवन बिताया, जिन्हें वह अपने बेटे कहा करती थी। वह दिन-रात उनकी जरूरतों को पूरा करने में जुटी रहती थीं। एंटीबायोटिक लाना, चश्मे बाँटना, दफन किए जाने से पहले शरीर को धोना तथा आत्महत्या की कोशिश करनेवालों को समझाना। प्रेम और करुणा के इन निस्स्वार्थ कार्यों के कारण ही कैदी उनका सम्मान करते थे, जिसके कारण वे अपने ऊपर नियंत्रण रखते थे और वे उनसे अपनी इच्छा के मुताबिक काम करवा लेती थीं।

यह मानवता के लिए कितना बड़ा संदेश है! हमने देखा कि कैदियों की आवाज उठानेवाली भी एक नायिका है; लेकिन हमें ऐसे अनेक नायक-नायिकाओं की आवश्यकता है, जिनमें इस संसार के लाखों बेजुबानों के लिए करुणा हो।

□

किडनी चेन*

मैं आप सभी को दो मनुष्यों के महान् कार्यों के बारे में बताना चाहूँगा। एक ईसाई मिशनरी पादरी हैं, जबकि दूसरे एक उद्योगपति हैं। मैं इन दोनों से तब मिला, जब मैं केरल के त्रिशूर में भारतीय किडनी फेडरेशन के डायलिसिस केंद्र का उद्‍घाटन कर रहा था। रेव. फादर डेविस चेयरमेल केरल के पेरिनचेरी के रहनेवाले हैं। फादर डेविस ने अपनी एक किडनी गोपीनाथन नाम के एक इलेक्ट्रीशियन को दान कर दी। उन्हें मीडिया के जरिए उसकी बीमारी का पता चला था।

कोचूसेफ चितिलापली इलेक्ट्रिक सामान बनानेवाले उद्योग, निर्माण क्षेत्र और सेवा क्षेत्र में राज्य एवं देश की जानी-मानी हस्ती हैं। वर्ष 2011 में दान देने की एक अनुपम मिसाल कायम करते हुए कोचूसेफ चितिलापली ने एक अनजान बीमार और गरीब ट्रक ड्राइवर को अपनी किडनी दान कर दी। इसने 'द किडनी चेन' नाम की एक अनोखी मुहिम की शुरुआत कर दी, जिसमें किसी मरीज का एक रिश्तेदार दूसरे रिश्तेदार को किडनी दान करेगा, बदले में उसका रिश्तेदार किसी और को दान करेगा और एक शृंखला बन जाएगी। यही नहीं, उनकी कंपनी के करीब 500 कर्मचारियों ने शपथ ली कि मृत्यु के बाद वे अपने अंग दान कर देंगे।

मैंने उनसे कहा कि मुझे ऐसे महान् लोगों के बीच बैठकर खुशी मिल

* जे.एस.एस. के सदस्यों, छात्रों और पूर्व छात्रों को संबोधन और उनके साथ बातचीत, मैरीलैंड, अमेरिका, 26 मई, 2013।

रही है। मैंने उनसे पूछा, "आपको अपने शरीर का एक हिस्सा देने और इस प्रक्रिया में कष्ट सहने की प्रेरणा कहाँ से मिली? वैसे भी, ईश्वर ने प्रत्येक मनुष्य के लिए किसी कारण से ही दो किडनियाँ बनाई हैं और आपको उनमें से एक को देते हुए डर नहीं लगा? कृपया मुझे बताएँ कि अपने शरीर को कष्ट देकर दूसरे को उसके कष्ट से निजात दिलाने की स्थिति में आपके मन और तन ने आपका साथ कैसे दिया?"

फादर डेविस ने जवाब में बस इतना कहा, "यह ईश्वर की इच्छा है।" जबकि मेरे दूसरे मित्र चितिलापली ने कहा, "मैं एक संपन्न उद्योगपति हूँ और मेरे पास अपने लिए सबकुछ है। मुझे लगा कि मुझे कुछ ऐसा करना चाहिए, जिसे मैं अपनी इच्छा से करूँ और मुझे खुशी मिले। तब भगवान् ने मुझे रास्ता दिखाया और मैंने अपनी किडनी एक अनजान ट्रक ड्राइवर को दे दी।"

मैंने दोनों दानकर्ताओं को बहुत ध्यान से देखा और सोचा कि दोनों को कितनी मानसिक और शारीरिक पीड़ा हुई होगी। उस कष्ट के बाद उन्हें कितनी संतुष्टि मिली होगी और कैसे उस इलेक्ट्रीशियन तथा ट्रक ड्राइवर के कष्ट को दूर करने के लिए उन्होंने मुफ्त में ही दान दे दिया।

मैं इस घटना का वर्णन इस कारण कर रहा हूँ, ताकि हमें यह एहसास हो कि मनुष्य का मन और शरीर अत्यधिक जटिल हैं तथा हम सभी शारीरिक व मानसिक रूप से एकीकृत हैं तथा हम सभी को मन और शरीर दोनों को संतुष्ट करना चाहिए, ताकि हम सुखी रह सकें।

□

एक स्वास्थ्यकर्मी के छह गुण*

मैं काठमांडू के मुख्य भिक्षु और चिकित्सा अनुसंधानकर्ता चोआकी न्यीमा रिनपोछे से जुड़ी एक घटना का जिक्र करना चाहूँगा। करीब तीन किलोमीटर तक पैदल चलने के बाद मैं सफेद कुंभा पहुँचा, जहाँ मुख्य भिक्षु और उनके अनुयायियों ने मेरा स्वागत किया। स्वागत के बाद न्यीमा रिनपोछे ने मुझसे कहा कि मैं उनके अध्ययन कक्ष तक चलूँ। उन्होंने पहली मंजिल को पार किया। दूसरी, तीसरी, चौथी और पाँचवीं मंजिल तक वह किसी लड़के की तरह चढ़ गए और मैं भी उनके पीछे-पीछे चल रहा था। जब मैं अंत में उनके चेंबर में पहुँचा तो मैंने एक प्रयोगशाला देखी और मेरे सामने हिमालय का एक शानदार नजारा था।

मैं यह देखकर हैरान था भिक्षु के साथ इस प्रयोगशाला में शोध करनेवाले छात्र देश के अलग-अलग हिस्सों से आए थे। उन्होंने मेरा परिचय अपने सह-लेखक डेविड आर. शिलम, एम.डी. से कराया, जिनके साथ मिलकर उन्होंने एक पुस्तक लिखी है। न्यीमा रिनपोछे और मैंने कुछ पुस्तकों की अदला-बदली की, जिनमें वह पुस्तक भी शामिल थी, जिसे उन्होंने डेविड के साथ मिलकर लिखा था। उसका नाम था 'मेडिसिन एंड कमपैशन' (दवा और करुणा)। मुझे वह पुस्तक पसंद आई और मैंने काठमांडू से दिल्ली के सफर के दौरान उसे पढ़ा। उस पुस्तक में उन छह महत्त्वपूर्ण गुणों का जिक्र

---

* आदिचुचनागिरी इंस्टीट्यूट ऑफ मेडिकल साइंसेज के स्नातक दिवस पर संबोधन, मांड्या, 22 मार्च, 2013

है, जिनका किसी मरीज के प्रति उसका इलाज करनेवाले डॉक्टर में होना जरूरी है।

पहला गुण है उदारता, दूसरा विशुद्ध आचार, तीसरा सहिष्णुता, चौथा धीरज, पाँचवाँ विशुद्ध एकाग्रता पैदा करना और छठा है बुद्धि। मेरा मानना है कि इन गुणों से इलाज करनेवालों को सहृदयता की शक्ति मिलेगी।

□

उमंग का उपहार*

मेरे जीवन का सबसे सुखद पल एक अनोखी घटना से जुड़ा है। हैदराबाद में एक अस्पताल का दौरा करने पर मैंने पाया कि कई बच्चे कृत्रिम अंग का वजन 3 किलोग्राम से अधिक होने के कारण चलने में दिक्कत महसूस कर रहे थे। निजाम इंस्टीट्यूट ऑफ मेडिकल साइंस में हड्डी रोग विभाग के अध्यक्ष प्रो. प्रसाद के आग्रह पर मैंने 'अग्नि' के दिनों के अपने साथियों से पूछा कि क्यों न हम उसी मिश्रित सामग्री से पोलियो पीड़ितों के लिए कृत्रिम अंग बनाएँ, जिसका इस्तेमाल 'अग्नि' की हीट शील्ड में किया गया था। उन्होंने तुरंत कहा कि यह बिल्कुल संभव है। हमने कुछ दिनों तक इस परियोजना पर काम किया और बच्चों के लिए कृत्रिम अंग बना लिया, जिसका वजन 3 किलोग्राम की बजाय करीब 300 ग्राम था, यानी उस वजन का दसवाँ हिस्सा, जिसे बच्चे अब तक ढो रहे थे। डॉक्टरों ने नए कृत्रिम अंग को बच्चों पर लगाने में हमारी मदद की और बच्चे चलने लगे, मुसकराते हुए इधर-उधर दौड़ने लगे। अस्पताल की ओर से मिले हल्के उपकरण के कारण वे न केवल दौड़ सकते थे, बल्कि साइकिल चला सकते थे और वे सारे काम कर सकते थे, जिन्हें करने से पहले उन्हें काफी समय तक रोका गया था।

अपने बच्चों को खुश देखकर उनके माँ-बाप की खुशी का ठिकाना

---

* भारतीय-अमेरिकी सामुदायिक कार्यक्रम में संबोधन, वर्जीनिया, अमेरिका, 25 मई, 2013।

नहीं था। हल्के कृत्रिम अंग की मदद से अपनी बेटियों और बेटों को दौड़ता देख उनकी आँखों में खुशी के आँसू आ गए। यह वह पल था, जब मुझे अपने जीवन की सबसे बड़ी खुशी मिली।

□

खुशी देने की कहानी*

वर्ष 2010 में डॉ. शिबू साहा के परिवार से केंटकी में हुई मुलाकात से मुझे बहुत खुशी मिली। डॉ. साहा से चर्चा के दौरान मैंने एक हार्ट सर्जन के रूप में उनके अनुभवों को जाना। मनुष्य के हृदय की दो अनोखी आवश्यकताएँ होती हैं—एक तो है दयालुता और दूसरा यह कि हृदय को बिना किसी रुकावट के कार्य करना चाहिए। मैं जब उनके घर पर था, तब डॉ. साहा ने दो मामलों का जिक्र किया। एक का संबंध एक नवजात से था और दूसरा लेक्सिंगटन के इक्यानबे वर्ष के एक बुजुर्ग से जुड़ा था।

नवजात शिशु को जन्मजात वॉल्व से जुड़ी समस्या थी, जिसका मतलब यह था कि रक्त के प्रवाह में रुकावट थी। उस बच्चे के माता-पिता डॉ. साहा से इस उम्मीद के साथ मिले कि किसी प्रकार बच्चे की जान बच जाएगी। एक युवा हार्ट सर्जन के रूप में डॉ. साहा के लिए यह एक अनोखी चुनौती थी। अपने प्रशिक्षण और ईश्वर पर पूर्ण विश्वास के साथ उन्होंने उसका ऑपरेशन किया। वॉल्व की समस्या दूर हो गई और बच्चे की जान बच गई। परिवार खुश हुआ और बच्चा एक बार फिर तंदुरुस्त हो गया।

डॉ. साहा ने मुझे जो दूसरी घटना बताई, वह सच में भावुक कर देनेवाली थी। यह तब की बात है, जब डॉ. साहा ने अपने आपको एक अनुभवी और विख्यात कार्डियोथोरेसिक सर्जन के रूप में स्थापित कर लिया था। एक दिन एक इक्यानबे वर्षीय मरीज उनके क्लीनिक पर आया। उस मरीज ने बताया

---

* भारतीय मूल के अमेरिकी चिकित्सकों द्वारा आयोजित वैश्विक स्वास्थ्य सम्मेलन में संबोधन, अहमदाबाद, 3 जनवरी, 2014।

कि वह एक पादरी है और हर दिन धर्मोपदेश देने के लिए उसे अपनी वेदी तक चौदह सीढ़ियाँ चढ़नी पड़ती हैं। पादरी ने कहा कि वे आधी सीढ़ियाँ भी नहीं चढ़ पाते थे और वह ईश्वर से प्रार्थना कर रहे थे कि वह उन्हें इस समस्या से निजात दिला दें। वह दो अन्य सर्जन से पहले ही मिल चुके हैं; लेकिन दोनों ने उनकी उम्र के कारण मदद करने में असमर्थता जता दी। वह चाहते थे कि डॉ. साहा उनका दिल वापस ला दें।

डॉ. साहा इस नतीजे पर पहुँचे कि मुख्य धमनी वॉल्व में खराबी थी और वह पतली हो गई थी, जिसके कारण रक्त का प्रवाह बाधित हो रहा था। अब प्रश्न यह था कि क्या ओपन हार्ट सर्जरी करना ठीक रहेगा, जबकि मरीज की उम्र इतनी अधिक है। इस परिस्थिति में वे मरीज से मिले और उसे बताया कि यह एक बहुत बड़ा हार्ट ऑपरेशन होगा। मरीज ने कहा कि डॉ. साहा को ऑपरेशन जरूर करना चाहिए और उसके अतिरिक्त भी जो कुछ करना हो, वे करें और उसे उसका दिल लौटा दें। ईश्वर के आशीर्वाद से डॉ. साहा ने उनका ऑपरेशन किया और वॉल्व की खराबी दूर कर दी। वह फिर से काम करने लगा। जल्दी ही मरीज ठीक होने लगा। सामान्य तौर पर इस प्रकार की सर्जरी के बाद कम-से-कम दस दिन तक आराम किया जाना चाहिए। पादरी ने तीसरे ही दिन कहा कि उन्हें चर्च में अगले दिन रविवार का धर्मोपदेश देना है। पादरी चर्च गए, अपनी देखरेख में प्रार्थना संपन्न की और डॉ. साहा के इलाज में चले आए। कुछ समय बाद वह पूरी तरह से ठीक हो गए और अपने पादरी के कर्तव्य निभाने लगे।

यह एक ऐसे डॉक्टर की कहानी है, जिसके दिल में लोगों को खुशियाँ देने की तमन्ना है और वह कौशल है, जो उनके कष्ट को दूर कर देता है। चाहे वह हृदय किसी नवजात का हो या बुजुर्ग का, ईश्वर ने उन्हें वह आशीर्वाद और चिकित्सकीय कौशल दिया है, जिससे वह अपने मरीजों का जीवन खुशहाल बना देते हैं, चाहे उनके मरीजों की उम्र कुछ भी हो।

□

लेडी विद द लैंप*

मैं जब भी सोचता हूँ कि कोई व्यक्ति समाज़ के प्रति कैसे अपना योगदान दे सकता है तो मेरे मन में फ्लोरेंस नाइटिंगेल की कहानी जीवंत हो उठती है, जिन्हें 'नर्सिंग की जननी' कहा जाता है। फ्लोरेंस नाइटिंगेल ने उन हजारों घायल सैनिकों की सेवा करने की इच्छा जताई थी, जिन्हें काला सागर के उस पार से तुर्की के मेडिकल स्टेशनों तक जहाजों से पहुँचाया जाता था। वह हर रात बीमार सैनिकों के बीच से अपने रास्ते को तलाशने के लिए एक लैंप के साथ घूमती थीं। जब वह गुजरती थीं तो उनके प्रति आभार व्यक्त करने के लिए सैनिक उनकी छाया को चूम लिया करते थे। वे निस्संदेह उन लोगों की भावनाओं का एक प्रतीक हैं, जो कष्ट झेलनेवालों को खुशी देने का काम करते हैं। उन्होंने पहला नर्सिंग स्कूल खोला था और नर्सिंग पर पहली टेक्स्ट बुक सन् 1860 में लिखी थी। उन्होंने कई महिलाओं को नर्सिंग के पेशे को अपनाने के लिए प्रेरित किया। मैं विशेष रूप से शिक्षा के प्रति उनके विचारों को पसंद करता हूँ। उन्होंने कहा था, ''शिक्षा ज्ञान देने का नहीं, बल्कि कुछ करने का पाठ पढ़ाती है।''

□

* होली क्रॉस कॉलेज के छात्रों को संबोधन और बातचीत, तिरुचिरापल्ली, 21 जनवरी, 2013।

वैज्ञानिक उदारता*

मैं आप सभी को उस घटना के बारे में बताना चाहूँगा, जो 'नोबेल पुरस्कार' विजेता प्रो. नॉरमन ई. बोरलॉग को डॉ. एम.एस. स्वामीनाथन पुरस्कार दिए जाते समय हुई। वह समारोह 15 मार्च, 2005 को नई दिल्ली के विज्ञान भवन में होना था। प्रो. बोरलॉग एक मशहूर कृषि वैज्ञानिक हैं और भारत की हरित क्रांति के साझीदार रहे हैं।

वहाँ मौजूद हर व्यक्ति इक्यानबे वर्षीय प्रो. बोरलॉग की प्रशंसा कर रहा था। जब उनके बोलने की बारी आई तो उन्होंने कृषि विज्ञान तथा उत्पादन के क्षेत्र में भारत की तरक्की की रूपरेखा का वर्णन किया और कहा कि राजनीतिक दूरदर्शी सी. सुब्रह्मण्यम और डॉ. एम.एस. स्वामीनाथन भारत की पहली हरित क्रांति के प्रमुख सूत्रधार थे।

इसके बावजूद कि प्रो. बोरलॉग स्वयं पहली हरित क्रांति के साझीदार थे, फिर भी उन्होंने इसकी चर्चा नहीं की। उन्होंने गर्व के साथ डॉ. वर्गीज कुरियन का जिक्र किया, जिनके कारण भारत में श्वेत क्रांति आई और फिर एक आश्चर्यजनक बात हुई! वह दर्शक दीर्घा में तीसरी, चौथी और पाँचवीं पंक्ति में बैठे वैज्ञानिकों की ओर घूमे। उन्होंने गेहूँ वैज्ञानिक डॉ. राजा राम, मक्का विशेषज्ञ डॉ. एस.के. वसाल और बीज विशेषज्ञ डॉ. बी.आर. बरवाले का नाम लिया। उन्होंने कहा कि इन सारे वैज्ञानिकों ने भारत और एशिया के कृषि क्षेत्र में योगदान दिया है। प्रो. बोरलॉग ने उनका परिचय कराने के साथ

* पवई समूह के संस्थानों को संबोधन और बातचीत, नमक्कल, 3 अक्तूबर, 2013।

ही उनसे कहा कि वे अपने स्थान पर खड़े हो जाएँ और उनके लिए तालियाँ बजवाईं और दर्शकों से पूरे जोश के साथ उन्हें सम्मान दिलवाया।

मैंने अपने देश में पहले इस तरह की बात कभी नहीं देखी थी। मैं प्रो. बोरलॉग के इस कार्य को वैज्ञानिक उदारता कहूँगा। यदि हम जीवन में महान् अभियानों को सफल बनाना चाहते हैं तो हमें वैज्ञानिक उदारता की आवश्यकता है, जिससे कि युवाओं का उत्साह बढ़े और वे अपने मिशन पर ध्यान केंद्रित करें।

मेरा यह अनुभव है कि महान् मन और महान् हृदय साथ-साथ चलते हैं। वैज्ञानिक उदारता वैज्ञानिक समुदाय को प्रेरणा देगी और उनमें टीम भावना विकसित करेगी। इस समुदाय के अनुभवी सदस्यों को चाहिए कि वे विज्ञान और वैज्ञानिक उदारता के मूल्यों को विकसित करें, जिससे युवाओं को गुणवत्तावाले अनुसंधान की प्रेरणा मिलेगी।

□

आप कहाँ से आए*

सर जमशेदजी जीजाभाई भारत के सबसे होनहार और जाने-माने सपूतों में से एक थे, जो घोर गरीबी से निकले और शोहरत हासिल की। जमशेदजी का बचपन नवसारी में पड़ोस के बच्चों के साथ खेलते हुए बीता, जहाँ उनके माता-पिता के पास इतने पैसे भी नहीं थे कि उन्हें प्राथमिक स्कूल में भेज सकें। माता-पिता की मृत्यु के बाद वह सन् 1799 में अपने मामा के साथ रहने और काम करने चले गए। वहाँ उन्होंने स्वयं शुरुआती जोड़-घटाव और टूटी-फूटी अंग्रेजी सीखी। जमशेदजी ने सोलह से चौबीस वर्ष की उम्र के बीच पाँच बार चीन की समुद्र के रास्ते यात्रा की। इन पाँच समुद्री यात्राओं के दौरान जमशेदजी सोलह वर्ष की उम्र में अपने ममेरे भाई तबक के अकाउंटेंट से अठारह साल में अपने मामा फ्रामजी के मैनेजर और फिर उन्नीस वर्ष की उम्र में अपने दम पर व्यापार करने लगे। अपनी मामूली बचत के साथ शुरुआत करते हुए उन्होंने अपनी किस्मत चमका ली। वे मुख्य रूप से भारतीय कपास के बदले चीन की चाय और सिल्क का व्यापार करते थे। वे कई बार दुश्मनों की गोलीबारी, भुखमरी और शत्रु जहाजों द्वारा अगवा किए जाने के खतरों से बचकर निकले और कई बार उनकी जान जाते-जाते बची। इन सबके बावजूद वे महज चौबीस वर्ष की उम्र में बेहद अमीर, मशहूर और बहुत सम्मानित हस्ती बनकर उभरे।

* अताश आदरन अग्नि मंदिर, मद्रास पारसी जोराष्ट्रियन अंजुमन की 100वीं सालगिरह पर संबोधन, चेन्नई, 10 जुलाई, 2010।

वर्ष 1850 के फरवरी महीने में जमशेदजी अपने गृह नगर नवसारी गए, जिसे उन्होंने करीब आधी सदी पहले एक बेसहारा और दुःख से त्रस्त अनाथ बच्चे के रूप में छोड़ा था। इन पचास वर्षों में जमशेदजी एक गुमनाम शख्स से देश की नामी हस्ती बन चुके थे। उन्होंने लंबे और उथल-पुथल भरे रास्तों को तय किया था, जिनमें कभी काँटे चुभे तो कभी झटके भी लगे—और कुछ फासले ऐसे भी थे, जहाँ सफर सुहाना और गुलाबों की पँखुड़ियों से होकर आगे बढ़ा; लेकिन हर बार वे आगे ही बढ़ते चले गए। नवसारी दौरे पर वह अपने पुराने घर पहुँचे और उस दयालु महिला से मिलना चाहा, जिन्होंने घर छोड़ने के बाद की यात्रा के लिए उन्हें थोड़ा-बहुत खाना दिया था। उन्होंने लोगों से उनका पता पूछा और जब वह बुजुर्ग महिला मिली तो उसे बहुत बड़ी रकम, कपड़ों, सोने के सिक्कों तथा सोने के कंगन से पुरस्कृत किया। पचास वर्षों बाद उस बुजुर्ग महिला को अपनी दयालुता का सुनहरा लाभ मिला।

अपार धन-दौलत कमाने के बाद जमशेदजी ने अपने शहर और समुदाय की ओर ध्यान दिया, ताकि वह उनका ऋण दो तरीकों से चुका सकें। सबसे पहले उन्होंने स्वैच्छिक रूप से लोक निर्माण और अन्य कर्तव्य शुरू किए। उन्होंने युवा देशभक्तों के साथ मिलकर उनके अधिकारों की लड़ाई लड़ी। उन्हें शांति स्थापित करनेवाले न्यायाधीश बनाने की माँग की। जमशेदजी पहले भारतीय थे, जिन्हें इस प्रकार के अधिकार मिले। उन्हें बॉम्बे एसोसिएशन का पहला मानद अध्यक्ष चुना गया, जो राजनीतिक दृष्टि से महत्त्वपूर्ण था और जहाँ दादाभाई नौरोजी अपना प्रभाव जमा रहे थे। उन्होंने इस विचार की वकालत की कि कमाई गई दौलत को सार्वजनिक हित की संपत्ति की तरह साझा किया जाए। उन्होंने सर जे.जे. परोपकारी संस्थान के माध्यम से कई कुएँ, पूना बाँध और तालाब समेत दर्जनों स्कूल बनवाए। उन्होंने पारसियों के पूजा स्थल, माहिम सेतु और आखिर में अपनी परोपकार की दो शानदार मिसालें कायम कीं—सर जे.जे. अस्पताल और सर जेजे स्कूल ऑफ आर्ट, जहाँ आज भी पूरे भारत से लोग आते हैं।

सर जमशेदजी असीम परोपकारिता के संगठनों के लिए एक मिसाल थे।

वे कई मायने में दूरदर्शी थे और उन्होंने शिक्षा पर पर्याप्त बल दिया। अपने बेदाग निजी और सार्वजनिक जीवन के साथ ही व्यापार में अपनी ईमानदारी के कारण इस सम्मानित नेता ने सारे समुदायों का प्रेम और आदर प्राप्त किया। बंबई के इस व्यापारी की ख्याति दुनिया भर में फैल गई।

□

सामाजिक जिम्मेदारी के साथ संगीत*

हमारे देश में अनेक प्रतिभावान कलाकार हैं और आज मुझे खुशी है कि मैं उन लोगों के बीच मौजूद हूँ, जिन्होंने निरंतर अपनी सेवा दी है और हमारे देश के लोगों के दिलों में उमंग का संचार किया है। मुझे पूर्ण विश्वास है कि कला, संगीत, नृत्य और नाटक समाज के विभिन्न वर्गों के लोगों को आपस में जोड़ते हैं और लोगों के मन को नई ऊँचाई तक ले जाने की क्षमता रखते हैं।

एक बार पं. जसराज के साथ मेरी चर्चा हुई और उन्होंने मुझे एक अच्छी खबर दी। उन्होंने कहा कि एक बार 26 जनवरी, 2007 को उन्होंने कोलकाता के अलीपुर सुधार गृह में खास परफॉरमेंस दी। इसके लिए उन्हें वहाँ के आई. जी. श्री शर्मा ने बुलाया था। पं. जसराज दो घंटे तक हिंदुस्तानी शास्त्रीय संगीत का जादू बिखेरते रहे, जिसकी शुरुआत उन्होंने राग मधुवंती से की थी। उस कार्यक्रम के प्रमुख आकर्षणों में 'ॐ नमो भगवते वासुदेवाय' और 'अल्लाह ॐ' जैसे भजन थे। मुझे बताया गया कि संगीत ने कैदियों के चेहरे खिला दिए और उन्हें शांति तथा एक उम्मीद मिली।

इसी प्रकार नादस्वरम् के विद्वान् शेख महबूब सुभानी और श्रीमती सुभानी ने एक बार राष्ट्रपति भवन में नादस्वरम् का एक सुंदर गायन प्रस्तुत किया था। मेरे अनुरोध पर दोनों ने दक्षिण भारत में मानसिक रोगियों के एक संस्थान में

---

* विशाखा संगीत और नृत्य अकादमी के नाद विद्या भारती पुरस्कार समारोह में संबोधन, विशाखापत्तनम, 14 अगस्त, 2010।

अपनी विशेष प्रस्तुति दी। इससे वहाँ रह रहे लोगों को बहुत खुशी मिली। इस प्रकार के सामाजिक अभियानों को बढ़ावा दिया जाना चाहिए और देश भर के कलाकारों को लोगों के कष्ट दूर करने के लिए इनमें शामिल होना चाहिए।

मेरे आग्रह पर विल्लू पट्टू सुब्बू अरुमुगम ने चेन्नई की सेंट्रल जेल के कैदियों के लिए एक कार्यक्रम पेश किया। विल्लू पट्टू तमिलनाडु के एक लोकप्रिय लोक संगीत है, जो विभिन्न प्रकार के सामाजिक संदेश देता है तथा पौराणिक विषयों से भी संबंधित है। कैदियों ने अरुमुगम की प्रस्तुति को पसंद किया।

क्या मैं सारे महान् संगीतकारों और नर्तकों से यह गुजारिश कर सकता हूँ कि वे अपने लिए एक मिशन का चुनाव करें। वह मिशन अपने परफ़ॉर्मिंग आर्ट के जरिए विचारों की एकता हासिल करने का नहीं हो सकता है ? मुझे पूर्ण विश्वास है कि यदि यह होता है तो टकराव और आतंकवाद जैसी घटनाएँ कम हो जाएँगी। संभवत: एक दिन आप सब मिलकर कलाकारों की एक शांति देनेवाली टीम बना सकेंगे, जो सैन्य और न्यायिक प्रक्रियाओं का एक विकल्प दे सकेगी, जिनका प्रयोग आतंकवाद जैसी घटनाओं से निपटने के लिए किया जाता है।

□

तपस्या की राह दिखानेवाले*

मैं एक बार एक महान् संत से मिला, जो लगभग आठ दशकों तक तपस्या कर चुके थे। इस कठोर तपस्या के माध्यम से उन्होंने अपने आपको राग, द्वेष, प्रेम और घृणा से मुक्त कर लिया था। देश में इस प्रकार के महापुरुषों के होने से शांति और बौद्धिक समृद्धि के प्रचार-प्रसार में सहायता मिलती है। वे एक ऐसे प्रकाश-स्तंभ थे, जिनकी ओर लोग ज्ञान प्राप्त करने के लिए खिंचे चले आते थे। भारत का सौभाग्य है कि लाखों लोगों को आचार्य महाप्रज्ञजी के संपर्क में आने का अवसर मिला। वे हमारे बीच भौतिक रूप से अब उपस्थित नहीं हैं, फिर भी वे लाखों अनुयायियों का बौद्धिक मार्गदर्शन कर रहे हैं।

मैंने उन्हें तपस्या की तीनों दशाओं में देखा—चलते हुए, प्राप्त करते हुए और देते हुए। वह अडिग समर्पण के साथ चलते थे, प्रकृति के साथ-साथ जिससे मिलते थे, उससे ज्ञान प्राप्त करते थे और अपने लेखन, कर्मों और व्यवहार के माध्यम से समाज में उम्मीद जगाते थे। वे ज्ञान की एक प्रचंड ज्योति थे, जिसने हर उस व्यक्ति की आत्मा को शुद्ध कर दिया, जो उनके संपर्क में आया। सन् 1999 में महरौली के अध्यात्म साधना केंद्र में मैं जब आचार्य महाप्रज्ञजी के संपर्क में आया था, तब मैंने भी ऐसा अनुभव किया था।

मैं जब उनसे आधी रात के समय मिला, तब उन्होंने अपने विशिष्ट जैन मुनियों के साथ देश और लोगों के कल्याण के लिए तीन बार प्रार्थना की। तीनों प्रार्थनाओं के बाद आज भी मुझे याद है, उन्होंने मुझे एक ऐसा दैवी

---

* यू.सी.एफ. ओपन फोरम में संबोधन और बातचीत, फ्लोरिडा, अमेरिका, 2 अक्तूबर, 2012।

संदेश दिया, जो आज भी मन में गूँज रहा है। उन्होंने कहा, ''कलाम, तुमने अपनी टीम के साथ जो कुछ किया, उसके लिए ईश्वर तुम्हें आशीर्वाद दें। ईश्वर ने तुम्हारे लिए एक बड़ा प्रयोजन निश्चित किया है और इस कारण ही तुम आज मेरे साथ हो। मैं जानता हूँ कि हमारा देश अब परमाणु शक्ति से संपन्न देश है। तुम्हारा मिशन उससे भी बड़ा है, जिसे तुम और तुम्हारी टीम ने पूरा किया है और यह उससे भी बड़ा है, जिसे आज तक किसी मनुष्य ने किया होगा। दुनिया में हजारों-हजार परमाणु हथियार बन गए हैं। मैं सारे देवी-देवताओं का आह्वान कर तुम्हारे लिए यह आशीर्वाद माँगता हूँ कि तुम और केवल तुम एक ऐसा समाधान निकालो कि वही परमाणु हथियार बेअसर, महत्त्वहीन और राजनीतिक रूप से फिजूल हो जाएँ।'' आचार्यजी ने जब अपना महान् सुझाव समाप्त किया, तब एक शांति छा गई थी। मुझे ऐसा लगा कि दैवी इच्छा इस संत के संदेश पर हामी भर रही है।

इस आदेश ने मुझे हिला दिया और अड़सठ साल के जीवन में पहली बार मुझे इस प्रकार का अनुभव हुआ। यह एक चुनौती और मेरे जीवन का ध्येय बन गई, जिसने मुझ पर अपना प्रभाव डाले रखा।

□

एक मित्र की मदद*

मैं मद्रास इंस्टीट्यूट ऑफ टेक्नोलॉजी (एम.आई.टी.) के संस्थापक चिन्नास्वामी राजम के जीवन की तीन घटनाओं को साझा करना चाहूँगा। पहली घटना तब हुई, जब राजम युवा थे और उनकी उम्र लगभग 27 साल थी। अनेक तरह के पेशे में हाथ आजमाने के बाद वे एक आजीविका की तलाश में थे। चूँकि मद्रास में उन्हें कोई अवसर नहीं मिला, इस कारण वे लौटकर कुंभाकोणम चले आए और मैसूर के चमड़ा बनानेवाले कारखाने में उनके उत्पाद बेचनेवाले एक एजेंट की नौकरी के लिए आवेदन कर दिया। मैसूर टैनरी ने उनसे 250 रुपए बतौर एडवांस माँग लिया, जिसे जुटाना उनके लिए मुश्किल था। राजम की मदद उनके एक दोस्त ने की, जिसने बिना शर्त पैसे दे दिए, यहाँ तक कि कोई लिखित भरोसा भी नहीं लिया। उस पैसे ने सचमुच राजम के जीवन को पलटकर रख दिया। उन्हें अपनी वास्तविक क्षमता का एहसास हुआ, यानी सेलिंग (बिक्री करना) या जिसे आप आजकल मार्केटिंग भी कहते हैं। इस मूल क्षमता ने राजम को एक सफल उद्यमी बना दिया तथा कठिन परिश्रम का फल भी दिया। वह एक प्रसिद्ध व्यवसायी बन गए। जैसा कि जीवन में अकसर होता है, उन्हें एक झटका लगा, जब उनकी पत्नी का देहांत हो गया। वह तब बासठ वर्ष के थे। उनके अंदर एक बड़ा बदलाव आया। वह सांसारिक जीवन का त्याग करना चाहते थे। उन्होंने अपने

---

* मद्रास इंस्टीट्यूट ऑफ टेक्नोलॉजी के पूर्व छात्रों के संघ को विशेष संबोधन, चेन्नई, 11 अगस्त, 2012।

दोनों बँगले बेच दिए और मद्रास इंस्टीट्यूट ऑफ टेक्नोलॉजी को शुरू करने के लिए 5 लाख रुपए का चंदा दिया। आखिर उन्होंने ऐसा क्यों किया? राजम ने जब इलेक्ट्रिक सप्लाई की कंपनियों को शुरू किया था, तब उन्हें अनेक स्थानों पर अलग-अलग विद्युत् उपकरण लगाने पड़े थे। लगाए जाने और इस्तेमाल के कारण कुछ उपकरणों की मरम्मत की भी आवश्यकता पड़ती थी। जब भी उसकी नौबत आती तो उन्हें विदेशी प्रौद्योगिकीविदों और तकनीशियनों को बुलाना पड़ता था।

राजम ने सोचा कि आखिर भारतीय इंजीनियर उपकरणों एवं कारखानों की रचना और निर्माण क्यों नहीं कर सकते? क्यों वे मशीनों का रख-रखाव स्वयं नहीं कर सकते? उनके मन में विचार आया कि इंजीनियरिंग प्रणालियों की संरचना, विकास, देखभाल और संचालन को प्रौद्योगिकी के अध्ययन के क्षेत्रों में समाहित कर देना चाहिए। यही वह प्रेरणा थी, जिसने एम.आई.टी. की बुनियाद रखी। यह प्रक्रिया एम.आई.टी. में दी जानेवाली शिक्षा का एक अभिन्न अंग बन गई और एम.आई.टी. ने 20,000 से अधिक इंजीनियर एवं प्रौद्योगिकीविद् दिए हैं, जो भारत और विदेश में अनेक महत्त्वपूर्ण अभियानों में जुटे हैं।

□

मैं आपको देखता हूँ*

मैंने भारत और विदेश में नेत्र अस्पतालों की ओर से आयोजित कई कार्यक्रमों में हिस्सा लिया है और एक बार दिल्ली के डॉ. श्रॉफ चैरिटी आई हॉस्पिटल के अपने मित्र डॉ. उमंग माथुर के निमंत्रण पर मैं एक ऐसे कार्यक्रम में शामिल हुआ, जहाँ अस्पताल ने नेत्रदान करनेवाले परिवारों का सम्मान किया। मैंने देखा कि वहाँ ऐसे सैकड़ों परिवार थे, जिन्होंने अपने सगे-संबंधियों को उन लोगों के लिए अपने अंग दान करने के लिए मनाया था, जिन्हें कॉर्निया ट्रांसप्लांट की आवश्यकता थी। मैंने जब ऐसे महान् हृदयवाले परिवारों को देखा तो लगा कि यही वे लोग हैं, जो समाज को समृद्ध बनाते हैं। वह पोषण देने का वह कर्म, जो किसी जरूरतमंद व्यक्ति को रोशनी देता है, जिससे एक नया और प्रकाशमान जीवन मिलता है।

दानकर्ताओं की इस मीटिंग में एक अनोखे केस का जिक्र हुआ था। बिजली के झटके से एक बढ़ई की मृत्यु हो गई थी। उसके माता-पिता सहर्ष उसकी आँखें दान करने के लिए तैयार हो गए, जिनका उपयोग उन दो युवाओं के लिए किया गया, जो इंतजार की कतार में थे। उन दोनों युवकों को डॉ. श्रॉफ के चैरिटी आई हॉस्पिटल में कॉर्निया मिला और वे फिर से देखने के काबिल हो गए। दोनों युवकों के लिए यह एक स्मरणीय घटना थी। यही नहीं, दान करनेवाले परिवार का कष्ट भी उन दो नेत्रहीन युवकों को रोशनी

* शंकर नेत्रालय के डॉक्टरों, दृष्टि विशेषज्ञों और स्टाफ को संबोधन तथा बातचीत, चेन्नई, 7 फरवरी, 2013।

देकर कुछ कम हो गया।

मैंने जब इस वास्तविक जीवन की घटना के बारे में सुना तो मैंने हॉस्पिटल के अधिकारियों से पूछा कि वे उन दो युवकों को लेकर क्यों नहीं आए, जो दान करनेवाले परिवारों के सम्मान समारोह में अपनी अपार खुशी को बाँट सकते थे? मैंने उनसे यह आग्रह भी किया कि वे एक छोटी फिल्म बनाएँ, जिसमें दान देनेवाले परिवारों, प्राप्तकर्ताओं और उनके परिवारों के परिश्रम, प्रतिक्रिया एवं खुशी को सँजोया जा सके, हालाँकि डॉ. श्रॉफ चैरिटी आई हॉस्पिटल के अधिकारियों ने मुझे बताया कि कानून इसकी इजाजत नहीं देता कि दानकर्ता परिवार यह जान सकें कि कॉर्निया किसे दान किया गया है या प्राप्तकर्ता और उसके परिवार को यह जानकारी नहीं मिल सकती कि उन्हें किस व्यक्ति का कॉर्निया दिया गया है।

समाज में खुशियों को बढ़ाने के लिए आवश्यक है कि दानकर्ता-प्राप्तकर्ता और अस्पतालों के लिए एक ऐसा कानून बने, जो अधिक-से-अधिक परिवारों को आगे आने और नेत्रदान करने के लिए प्रेरित करे। इससे कॉर्निया ट्रांसप्लांट के क्षेत्र में आवश्यकता और उपलब्धता की खाई को भी कम किया जा सकेगा।

□

जख्मों पर मरहम*

मैंने अपने जीवन में आजादी से पहले के भारत को देखा है। उसकी आजादी के जश्न और उसके बाद के युग का भी मैं गवाह रहा हूँ। चलिए, मैं आपको एक घटना के बारे में बताता हूँ, जो उस रात घटी, जब भारत को स्वतंत्रता मिली थी। 14 अगस्त, 1947 को आधी रात का वक्त होते ही भारत के पहले प्रधानमंत्री जवाहरलाल नेहरू ने विदेशी शासन से 30 करोड़ भारतीयों की आजादी का ऐलान किया। पूरे देश में जश्न का माहौल था।

फिर अचानक किसी ने पूछा कि राष्ट्रपिता महात्मा गांधी कहाँ हैं ? जब लोगों को पता चला कि महात्मा गांधी कलकत्ता में सामाजिक असहिष्णुता से प्रभावित लोगों के आँसू पोंछ रहे हैं, तो वे हैरान रह गए। महात्मा की महानता उनकी सरलता और जरूरतमंदों की मदद की इच्छा में छिपी थी। आजादी के जश्न के उन यादगार पलों में वे समारोहों की तड़क-भड़क के बीच मौजूद न होकर घायलों के जख्मों पर मरहम लगा रहे थे।

एक अन्य अवसर पर महात्मा गांधी ने मिलने आए छात्रों के समूह को एक सलाह दी थी, जो उनकी डायरी में दर्ज है। छात्रों को विचारवान होना चाहिए। उनकी सोच अच्छी होनी चाहिए। उन्हें कोई गलत काम नहीं करना चाहिए। छात्रों को वह सबकुछ करना चाहिए, जो भारत जैसे नए

---

* पीकिंग विश्वविद्यालय के छात्रों को संबोधन और बातचीत, बीजिंग, चीन, 3 नवंबर, 2012।

देश के निर्माण के लिए आवश्यक हो और जिस पर सभी गर्व और खुशी महसूस कर सकें।

अहिंसा के उस पुजारी के इन कार्यों के कारण मुझे गर्व होता है कि मेरा नेतृत्व ऐसे प्रेरणादायी नायक ने किया था।

□

वास्तविक शिक्षा*

मैं जब आप सभी को इस सुहाने माहौल में देखता हूँ तो मुझे अपने स्कूल के दिनों की याद आ जाती है। मैं ब्रिटिश भारत में वर्ष 1936 से 1944 के बीच रामेश्वरम पंचायत प्राइमरी स्कूल का छात्र था। ईंट की दीवारों और छप्पर की छतवाला वह स्कूल उन दिनों रामेश्वरम द्वीप का एकमात्र स्कूल था। मेरे साथ वहाँ लगभग 400 लड़के और लड़कियाँ पढ़ते थे। मैं आप सबसे बताना चाहता हूँ कि उस साधारण और बिना सुविधाओंवाले स्कूल के बारे में मैं क्या सोचता था। मुझे स्कूल की गतिविधियों को देखकर बहुत अच्छा लगता था। छात्र सारे शिक्षकों और विशेष रूप से इतिहास, भूगोल और विज्ञान के शिक्षकों को प्यार करते थे। ऐसा क्यों था? इसका कारण यह था कि उन शिक्षकों को अपना काम अच्छा लगता था और वे यह सुनिश्चित करते थे कि 55 छात्रों में से हर एक का विकास अच्छा हो। मेरे इतिहास और भूगोल के शिक्षक कालीश्वर अय्यर कहा करते थे, "मेरे छात्रो, मेरे पढ़ाने का मिशन यह सुनिश्चित करना है कि तुम सभी इतिहास और भूगोल से प्रेम करो, ताकि पढ़ने में आनंद के साथ ही तुम्हें अच्छे नंबर भी मिलें।" मेरे विज्ञान के शिक्षक सुब्रह्मण्य अय्यर क्लास के सारे छात्रों के लिए एक विशेष आकर्षण थे। वे सुबह जब भी क्लास में आते तो हमें लगता था जैसे उनके शरीर से ज्ञान का प्रकाश फैल रहा हो।

---

* श्री वेंकटेश्वर मंदिर में छात्रों को संबोधन और बातचीत, मिनीपोलिस, अमेरिका, 23 मई, 2013।

हमें अपने शिक्षकों में शुद्धता की चमक दिखती थी। आठवीं कक्षा में हम कुल 55 छात्र थे। यदि एक भी छात्र किसी दिन अनुपस्थित हो जाता था तो हमारे शिक्षक छात्र का हाल-चाल जानने और उसके स्कूल न आने का कारण समझने के लिए उसके घर चले जाते थे। यदि किसी छात्र को बहुत अच्छे नंबर मिलते तो सबसे पहले शिक्षक ही उसके घर जाकर उसके माता-पिता को इसकी जानकारी देते थे। मेरा स्कूल एक खुशी देनेवाला स्कूल था और हमारे सारे 55 सहपाठियों ने आठवीं कक्षा की पढ़ाई पूरी की। मुझे याद नहीं कि किसी ने बीच में पढ़ाई छोड़ी हो।

मैं आप सभी को यह संदेश देना चाहूँगा कि बड़ी इमारत, ढेरों सुविधाएँ या लुभावने प्रचार से आपको अच्छी शिक्षा नहीं मिल सकती, बल्कि महान् शिक्षकों द्वारा प्रेम से दी गई शिक्षा से लाभ मिलता है। शिक्षा कभी कारोबार या प्रणाली नहीं हो सकती है। शिक्षा ऐसी हो, जो किसी भी स्तर पर बेहतरीन शिक्षकों द्वारा एक बेहतरीन सिलेबस के जरिए दी जाए, साथ ही माता-पिता, छात्रों और शिक्षकों के बीच सुखद संबंध को बढ़ावा मिले।

□

विफलता एक शिक्षक होती है

'डॉ. कलाम अकसर कहा करते थे कि सफलता का जश्न मनाना चाहिए। लेकिन उनका यह भी मानना था कि विफलता को दूर करने के लिए आपको अपनी सारी ऊर्जा केंद्रित कर देनी चाहिए। उनका मानना था कि विफलता एक शिक्षक होती है। वह समस्याओं को सुलझाने के संबंध में इस प्रकार की दार्शनिक सोच रखते थे।'

—जी. माधवन नायर

पूर्व अध्यक्ष, इसरो

स्कॉलरशिप से चूक जाना*

मैं आप सबको श्रीनिवास रामानुजन के बारे में बताना चाहता हूँ, जो अपने समय से बहुत आगे की सोचनेवाले विलक्षण प्रतिभा के धनी थे। तमिलनाडु के इरोड में पले-बढ़े रामानुजन का गणित से परिचय दस वर्ष की उम्र में हुआ। उनके अंदर गणित को लेकर एक स्वाभाविक क्षमता थी और उन्हें एस.एल. लोनी लिखित 'एडवांस्ड ट्रिग्नोमेट्री' की किताबें दी गई थीं। तेरह वर्ष की उम्र तक उन्होंने उन किताबों पर महारत हासिल करने के साथ ही अपने प्रमेय भी ढूँढ़ निकाले। स्कूल में उन्होंने गणित के असाधारण कौशल का प्रदर्शन किया और कई अवॉर्ड जीते। सत्रह वर्ष की उम्र तक रामानुजन ने बरनूली नंबर्स और यूलर-मास्चरोनी कॉन्सटेंट पर अपने ही गणितीय शोध किए। उन्हें कुंभाकोणम में सरकारी कॉलेज में पढ़ाई के लिए स्कॉलरशिप भी मिली; लेकिन वे गैर-गणितीय कोर्स में फेल कर गए और स्कॉलरशिप पाने से चूक गए।

रामानुजन महज बत्तीस वर्ष तक जीवित रहे। उनके पास न तो कोई औपचारिक उच्च शिक्षा थी, न ही आजीविका का कोई साधन। फिर भी, अपने विषय को लेकर उनका कभी खत्म न होनेवाला उत्साह और प्रेम ऐसा था, जिसने गणितीय शोध को समृद्ध किया। अंकों के सिद्धांत में उनका विशेष योगदान था। उनके अनेक सिद्धांतों पर आज भी गंभीर शोध जारी है और दुनिया भर के गणितज्ञ अपने तमाम संसाधनों का प्रयोग कर उनके औपचारिक

* दिल्ली पब्लिक स्कूल के छात्रों को संबोधन और बातचीत, अलीगढ़, 2 नवंबर, 2010।

साक्ष्यों को स्थापित करने के प्रयास में जुटे हैं।

रामानुजन एक अनोखे भारतीय प्रतिभावान् व्यक्ति थे, जिन्होंने कैंब्रिज के शानदार गणितज्ञ जी.एच. हार्डी को भी सोच में डाल दिया था। वास्तव में, यह कहना अतिशयोक्ति नहीं होगी कि प्रो. हार्डी ही थे, जिन्होंने विश्व का परिचय रामानुजन की प्रतिभा से कराया। एक बार प्रो. हार्डी ने विभिन्न बुद्धिमान व्यक्तियों को सौ के पैमाने पर परखा। जहाँ अधिकांश गणितज्ञों को तीस के करीब अंक मिले और कुछ विरले साठ तक पा सके, वहीं रामानुजन को सौ अंक दिए गए। रामानुजन या भारतीय संस्कृति को इससे बड़ा सम्मान नहीं मिल सकता था।

रामानुजन की उपलब्धियों में प्राइम नंबर्स, हाइपर-ज्योमेट्रिक सीरीज, मॉडुलर फंक्शंस, इलिप्टिकल फंक्शंस, मॉक थीटा फंक्शंस, यहाँ तक कि मैजिक स्क्वायर्स भी शामिल हैं। इनके अलावा ज्योमेट्री के एलिप्सेस, स्क्वायरिंग द सर्किल आदि पर भी उन्होंने गंभीर कार्य किया। रामानुजन को दी गई एक श्रद्धांजलि में कहा गया है कि 'प्रत्येक पूर्णांक रामानुजन का अभिन्न मित्र था।' सन् 1918 में उन्हें रॉयल सोसाइटी का फेलो चुना गया था।

रामानुजन कहा करते थे—एक समीकरण तब तक मेरे लिए मायने नहीं रखता, जब तक कि वह ईश्वर के विचार को अभिव्यक्त न करे। उनके मुताबिक, अंकों को समझना आध्यात्मिक रहस्योद्घाटन और जुड़ाव की एक प्रक्रिया है। विशुद्ध गणित में अपने शोध से उन्होंने असाधारण नतीजे निकाले, जिसने उनके सहयोगियों को भी चकित कर दिया; लेकिन अंत में वे सही साबित हुए। उन्होंने सिद्धांत के एक ब्रह्मांड की शुरुआत की, जो आज भी प्रयोग में आ रहा है। रामानुजन के अंकों के प्रति प्रेम की वास्तविकता ने ही अंक सिद्धांत को जन्म दिया। असाध्य स्वास्थ्य समस्याओं के बावजूद वे अपनी छोटी सी आयु के दौरान पूरी तरह से गणित में व्यस्त रहे और विफलता कभी उन्हें अपनी राह से डिगा नहीं सकी।

□

वह क्रैश*

आप जब भी किसी कठिन अभियान पर निकलते हैं तो अकसर उनके साथ बड़ी चुनौतियाँ भी आती हैं, जिनमें छोटी-मोटी विफलताओं का भी सामना करना पड़ता है। मानवता की परीक्षा उन विफलताओं को स्वीकार करने और सफलता प्राप्त करने तक प्रयास करते रहने से होती है। विफलता से निपटना ही नेतृत्व का गुण होता है। चलिए, मैं इस संबंध में अपने पेशेवर जीवन की एक घटना के विषय में आप सबको बताता हूँ। मेरे मन में जब भी प्रो. सतीश धवन का खयाल आता है तो मुझे उनके नेतृत्व से जुड़ी कई बातें याद आती हैं। मैं एस.एल.वी.-3 के पहले प्रयोगात्मक प्रक्षेपण के लिए प्रोजेक्ट डायरेक्टर था। 10 अगस्त, 1979 को उसका यान बड़े अच्छे तरीके से टी-0 पर उड़ान भरता है और पहला चरण आशा के अनुरूप पूरा हुआ। दूसरे चरण की शुरुआत हुई; लेकिन कुछ ही सेकंड बाद हमने देखा कि यान लड़खड़ा गया और बंगाल की खाड़ी में जा गिरा। उस वक्त सुबह के 8 बज रहे थे और प्रक्षेपण से पहले के 24 घंटे तथा उससे कई दिनों पहले से कड़ी मेहनत करने के बावजूद हमारी टीम आँकड़े जुटाने में लगी थी। हमारा मकसद विफलता के कारण को समझना था। इस बीच प्रो. धवन ने मुझे एक प्रेस कॉन्फ्रेंस में शामिल होने के लिए बुलाया। प्रेस कॉन्फ्रेंस से पहले प्रो. धवन ने मुझसे कहा कि वे स्थिति को सँभाल लेंगे। मुझे बस, कई वरिष्ठ वैज्ञानिकों और प्रौद्योगिकीविदों के साथ वहाँ मौजूद रहना है। पूरा

---

* डी.एम.सी. ऑडिटोरियम में सार्वजनिक भाषण और बातचीत, दरभंगा, 23 दिसंबर, 2012।

कमरा मीडियाकर्मियों से भरा था और उदासी का माहौल था। अनेक प्रश्न पूछे गए। कुछ बहुत मुश्किल और सोच-विचारकर और इसमें कोई शक नहीं कि आलोचना भी होती रही। प्रो. धवन ने कहा, ''दोस्तो, आज एस.एल. वी.-3 का प्रयोगात्मक प्रक्षेपण था, जिसका मकसद 'रोहिणी' सैटेलाइट को कक्षा में स्थापित करना था। यह हमारा पहला मिशन है, जिसमें एक प्रक्षेपण यान में अनेक प्रकार की तकनीकों का प्रयोग किया गया है। हमने अनेक तकनीकों को इस लॉञ्च में साबित कर दिखाया है, जबकि कुछ और को किया जाना अभी बाकी है। हम लड़खड़ाए हैं, लेकिन गिरे नहीं हैं। इन सबसे कहीं अधिक मुझे लगता है कि मेरी टीम को अगले अभियान की सफलता के लिए सभी प्रकार का तकनीकी सहयोग दिए जाने की आवश्यकता है। इसके बाद विफलता का आकलन करनेवाले बोर्ड ने कारण का पता लगाया और हम दूसरे लॉञ्च की तैयारी में जुट गए।

दूसरा एस.एल.वी.-3 लॉञ्च 18 जुलाई, 1980 को हुआ। सुबह के 6.30 बज रहे थे। पूरे देश की नजरें श्रीहरिकोटा हाई अल्टीच्यूट रेंज (सहार) लॉञ्व परिसर पर टिकी थीं, जिसका नाम अब प्रो. धवन को श्रद्धांजलि के रूप में उनके नाम पर रखा गया है। काउंटडाउन के दौरान अभियान से जुड़ी टीम व्यस्त थी और उड़ान के क्रम पर नजर रख रही थी। टी-0 पर वह यान निकला और हमने एक टेक्स्ट बुक ट्रैजेक्ट्री को देखा। उड़ान भरने के करीब 600 सेकंड बाद मुझे लगा कि हर चरण को, यहाँ तक कि चौथे चरण को भी, आवश्यक वेग मिला। मैंने एक घोषणा की, ''मिशन डायरेक्टर कॉलिंग ऑल स्टेशंस। एसएलवी-3 ने अपेक्षित वेग और सही ऊँचाई दी है, जिससे कि सैटेलाइट 'रोहिणी' को कक्षा में स्थापित किया जा सके। हमारे डाउन रेंज स्टेशनों और ग्लोबल स्टेशनों को एक घंटे के भीतर सैटेलाइट की कक्षा की जानकारी मिल जाएगी।'' पूरे स्टेशन और विजिटर गैलरी में तालियों की गड़गड़ाहट और हर्ष ध्वनि गूँजने लगी।

सबसे महत्त्वपूर्ण बात उसके बाद हुई। फिर से एक प्रेस कॉन्फ्रेंस हुई; लेकिन इस बार प्रो. धवन ने उसे संबोधित नहीं किया। उन्होंने कहा कि मैं

टीम के अन्य सदस्यों के साथ उसे संबोधित करूँ।

यहाँ मैं दो संदेश देना चाहूँगा। पहला यह कि झटकों के बाद हमारे अंदर वापसी की दृढ़ता व साहस होना चाहिए और दूसरा यह कि नेतृत्व में विफलता से निपटने का कौशल होना चाहिए। जब सफलता मिलती है तो नेतृत्व को उसका श्रेय अपनी टीम को देना चाहिए। विफलता से निपटने की यह बेहतरीन शिक्षा मुझे किसी टेक्स्ट बुक में नहीं मिली, जिसे किसी भी संस्थान ने उस वक्त लिखा हो।

□

अपने ऊपर विश्वास करो*

मैंने एक मीटिंग में छात्रों से कहा था कि वे अपने-अपने जीवन में आए सबसे अधिक प्रेरणादायी व्यक्ति के बारे में बताएँ। स्टेफनी नाम की एक छात्रा ने बहुत अच्छा उत्तर दिया। उसने कहा कि उसके जीवन में सबसे अधिक प्रेरणादायी व्यक्ति उसकी दादी एस्थर थीं। उसने मुझे बताया कि उसकी दादी को उनके बॉस ने धमकी दी थी कि वे किसी विशेष राष्ट्रपति पद के उम्मीदवार को वोट न दें, अन्यथा वह उन्हें नौकरी से निकाल देगा। लेकिन एस्थर अपने विचारों और सिद्धांतों पर अटल रहीं और अपने बॉस से सबके सामने कह दिया कि वह अपनी पसंद के उम्मीदवार को बेहिचक वोट करेंगी और उसे उनकी धमकी की परवाह नहीं है। इतिहास गवाह है कि एस्थर ने अपनी पसंद के राष्ट्रपति पद के उम्मीदवार को वोट दिया। उसकी जीत हुई और हाँ, एस्थर को कभी नौकरी से नहीं निकाला गया। यह एक महिला के साहस का अनोखा उदाहरण है, जो अपने लोकतांत्रिक अधिकारों के लिए लड़ी और इसके लिए अपने बॉस का भी विरोध किया। इससे यह भी पता चलता है कि हमारे परिवार और दोस्तों के बीच भी नेतृत्व और साहस के महान् उदाहरण मौजूद रहते हैं और कैसे कभी-कभी हम उन पर गौर नहीं कर पाते हैं।

□

---

* 'ग्लोबल बिजनेस ब्रिज : केंटकी और भारत को जोड़ना' शीर्षक की संगोष्ठी के समापन पर सहभागियों को संबोधन, केंटकी, अमेरिका, 9 अप्रैल, 2010।

जो अपने वश में हो, उसे पूरी ताकत से करो, बाकी छोड़ दो*

मैं एम.आई.टी. के पूर्व छात्र विद्याधर के विषय में बताना चाहूँगा, जो बैंगलुरु स्थित लोटस एनर्जी सिस्टम्स के निदेशक हैं। मैं कॉरपोरेट जगत् के एक अन्य पहलू के संबंध में उनके बारे में बताऊँगा। मैं वित्तीय लेन-देन के साथ ही जीवन में नैतिकता के उच्च मानकों पर जोर देना चाहूँगा।

लोटस एनर्जी सिस्टम्स का चुनाव भारत की सबसे जानी-मानी आई.टी. कंपनी के लिए साउंडप्रूफिंग उपकरण उपलब्ध कराने के उद्देश्य से किया गया था। लोटस को इस काम के लिए तकनीक के लिहाज से सबसे उपयुक्त कंपनी माना गया। बस, एक बात थी, जो उनके पक्ष में नहीं थी और वह थी कीमत। उच्च तकनीकी आवश्यकताओं के कारण विद्याधर कम कीमत पर यह काम नहीं कर सकते थे। संभवत: उन्हें लगा कि ग्राहकों के हित में उत्पाद की गुणवत्ता को बनाए रखा जाए, क्योंकि कीमत का अंतर कोई ज्यादा नहीं था। वैसे भी, उन्होंने गुणवत्ता पर पूरा जोर देते हुए अपनी कंपनी के उत्पाद की कार्यक्षमता से समझौता नहीं किया, साथ ही प्रतियोगियों के उत्पाद को भी कमतर नहीं बताया।

खरीदार कंपनी ने इस पर सोच-विचार किया और उत्सुकता से पूछा, ''लेन-देन पर बातचीत के दौरान तुम्हारे उसूल क्या होते हैं?'' विद्याधर समझ नहीं पाए कि इसका मतलब क्या है या उन्हें क्या कहना चाहिए।

---

* मद्रास इंस्टीट्यूट ऑफ टेक्नोलॉजी (एम.आई.टी.) के पूर्व छात्र संघ को विशेष संबोधन, चेन्नई, 11 अगस्त, 2012।

उनके मन में जो पहली बात आई, वह उन्होंने कह दी, "जो अपने वश में हो, उसे पूरी ताकत से करो और बाकी को जाने दो। अगर उसे होना है तो वह होगा। यही हमारा उसूल है।" जब खरीदार ने पूछा, "और अगर इसका मतलब यह हो कि ऑर्डर तुम्हारे हाथ से निकल जाए तो?" विद्याधर ने तुरंत जवाब दिया, "धर्मो रक्षति रक्षितः।" (धर्म धर्मी की रक्षा करता है)। यह कथन उनकी कंपनी के नैतिक मानकों को बताता है। अपने उच्च नैतिक मानकों के कारण उनकी कंपनी के हाथ से वह ठेका निकल गया, जबकि उनकी कंपनी के अस्तित्व के लिए वह आवश्यक था। फिर लगभग एक वर्ष बाद एक बड़ी दिलचस्प बात हुई। अचानक उनके पास उसी ग्राहक का फोन आया। वे टी.वी. ब्रॉडकास्ट स्टूडियो बनाना चाहते थे और उन्हें अपने प्रोजेक्ट के लिए ध्वनि के उत्तम बंदोबस्त की आवश्यकता थी और उस काम को उन्होंने पहले कभी नहीं किया था। "क्या तुम कर पाओगे?" खरीदार ने विद्याधर की कंपनी के साथ काम करने की इच्छा जताते हुए पूछा। विद्याधर ने तुरंत कहा, "हाँ।" उस दिन के बाद से उनकी कंपनी ने पूरे भारत में उस कंपनी के लिए बुनियादी सुविधाओं के इंतजाम से जुड़े कई काम किए हैं और उन्हें फिर से बातचीत की टेबल पर भी नहीं बैठना पड़ा है। उस खरीदार को साउंडप्रूफिंग के उपकरणों की खरीद के अपने पिछले अनुभव से यह एहसास हो गया था कि उसे विद्याधर का प्रस्ताव स्वीकार कर लेना चाहिए था; क्योंकि उनका उत्पाद उच्च गुणवत्तावाला था और उन्होंने सच का साथ दिया था। उस घटना ने उस खरीदार की सोच को बदल दिया और दोनों कंपनियों की किस्मत चमकने लगी, क्योंकि वे एक-दूसरे के साथ लेन-देन में सच्चे और ईमानदार थे।

□

दबाव में*

पीकिंग यूनिवर्सिटी के छात्रों को देखकर मेरा मन वर्ष 1954 से 1957 के दौर में करीब साठ साल पीछे लौट जाता है, जब मैं मद्रास इंस्टीट्यूट ऑफ टेक्नोलॉजी (एम.आई.टी.), चेन्नई का छात्र था। वहाँ हमारे एक अनोखे प्रोफेसर हुआ करते थे। उनका नाम था प्रो. श्रीनिवासन। मुझे लगता है, आपके भी कोई-न-कोई अलग किस्म के प्रोफेसर जरूर होंगे। हम जब अंतिम वर्ष में थे, तब इस प्रोफेसर ने एयरोनॉटिक्स इंजीनियरिंग फैकल्टी से हममें से नौ छात्रों को बुलाया और हमें छह महीने का एक प्रोजेक्ट दिया। मुझे प्रोजेक्ट लीडर बनाया गया। मेरी टीम में एयरोनॉटिकल इंजीनियरिंग के विभिन्न क्षेत्रों के छात्र शामिल थे। हमारा मिशन था—छह महीने के भीतर 0.8 मैक क्षमतावाले कम ऊँचाई पर उड़नेवाले लड़ाकू विमान का डिजाइन बनाना। अपने कोर्स के दौरान हममें से हर एक को कोई-न-कोई विशेष विषय पढ़ाया गया था। इस प्रोजेक्ट के माध्यम से हमें किसी उत्पाद के सिस्टम डिजाइन, सिस्टम इंटयनेशन और सिस्टम मैनेजमेंट पर काम करने का अवसर दिया गया। इसके साथ ही, मुझे उस प्रोजेक्ट के एयरोडामिक्स और संरचनात्मक डिजाइन तैयार करने की जिम्मेदारी सौंपी गई। मेरी टीम के दूसरे इंजीनियरों ने उस विमान के प्रोपल्शन की डिजाइन, संरचना और सामग्री, कंट्रोल और दिशा तथा उपकरणों की जिम्मेदारी सँभाली।

मेरे डिजाइन शिक्षक प्रो. श्रीनिवासन, जो तब एम.आई.टी. के डायरेक्टर

---

* पीकिंग विश्वविद्यालय के छात्रों को संबोधन और बातचीत, बीजिंग, चीन, 3 नवंबर, 2012।

थे, वह हमारे गाइड थे और हमें विमान का डिजाइन बनाना सिखा रहे थे। प्रो. श्रीनिवासन ने पाँचवें महीने में उस प्रोजेक्ट की समीक्षा की और कहा कि हमारा काम असंतोषजनक और निराशाजनक है। उन्होंने मेरी शिकायत पर कोई ध्यान नहीं दिया, जिसमें मैंने बताया कि अनेक डिजाइनरों को किसी एक प्रोजेक्ट में साथ लाकर डिजाइन तैयार करना कितना कठिन होता है। मैंने उनसे काम पूरा करने के लिए दो और महीने माँगे, क्योंकि मुझे अपने आठ सहयोगियों से भी जानकारी लेनी थी और उनकी जानकारी के बिना काम पूरा नहीं हो सकता था।

प्रो. श्रीनिवासन ने कहा, ''देखो भाई, मैं तुम्हें केवल एक महीना दूँगा। इस दौरान तुम प्रोजेक्ट पूरा करो और टीम का नेतृत्व कर एक एकीकृत डिजाइन बनाकर दिखाओ। उसके बाद मैं इसकी फिर से समीक्षा करूँगा। अगर प्रोजेक्ट समय पर पूरा नहीं हुआ और मिशन की जरूरत के मुताबिक नहीं रहा तो तुम्हारी स्कॉलरशिप समाप्त कर दी जाएगी।''

मैं सन्न रह गया, क्योंकि मेरी स्कॉलरशिप ही मेरी जीवन-रेखा थी, जिसके बिना मैं पढ़ाई जारी नहीं रख सकता था। काम पूरा करने के सिवाय कोई रास्ता नहीं था।

मैं और मेरी टीम ने दिन-रात काम किया। हम कई रातों तक नहीं सोए, ड्रॉइंग बोर्ड पर काम करते रहे। रात का खाना भी छूट गया। हम अपने तय समय के आखिरी सप्ताह में थे, जिसमें डिजाइन लगभग तैयार हो गया था और ड्रॉइंग तथा दस्तावेज तैयार किए जा रहे थे। एक रविवार को प्रो. श्रीनिवासन टेनिस खेलने के बाद फिर से हमारे पास आए और हमारी प्रयोगशाला में लगभग दो घंटे तक साथ ही रहे। वे बहुत खुश थे। उन्होंने खास तौर पर उस प्रक्रिया की सराहना की, जिसे हमने अपनाया था और कहा कि एकीकृत डिजाइन सही तरीके से तैयार किया गया है। उन्होंने कहा, ''मैं जानता था कि मैं तुम्हें तनाव में डाल रहा हूँ और एक कठिन समय सीमा दे रहा हूँ। तुम सभी ने अपने सिस्टम डिजाइन पर शानदार काम किया है।''

समीक्षा के इस तरीके से प्रो. श्रीनिवासन ने टीम के प्रत्येक सदस्य द्वारा

दिए गए समय की कीमत को रेखांकित किया। उन्होंने हमें यह भी समझाया कि इंजीनियरिंग की शिक्षा का अर्थ है सिस्टम डिजाइन, सिस्टम इंटिग्रेशन और सिस्टम मैनेजमेंट का नेतृत्व करना। मैंने व्यक्तिगत रूप से भी महसूस किया कि यदि कुछ दाँव पर लगा हो तो मानव मन जाग्रत् हो जाता है तथा व्यक्ति के काम करने की क्षमता कई गुना बढ़ जाती है।

□

एक सितारा जन्म ले चुका है*

मैं आप सभी को उस वैज्ञानिक के बारे में बताना चाहूँगा, जिन्होंने हमें यह आकलन करना सिखाया कि कोई तारा कितने समय तक जीवित रहेगा। सुब्रह्मण्यम चंद्रशेखर ने युवावस्था के दौरान गणित और जर्मन पर महारत हासिल कर ली थी। उनके चाचा सी. रामास्वामी कहते हैं, ''स्कूल में चंद्रशेखर का प्रदर्शन, विशेष रूप से गणित में, पूरी क्लास से कम-से-कम तीन वर्ष आगे का था। उनके क्लासमेट उनकी क्षमता से वाकिफ थे और मानते थे कि उनके बीच एक विलक्षण प्रतिभा का व्यक्ति है।''

चंद्रशेखर एक किताबी कीड़ा थे और उन्होंने शेक्सपियर से लेकर थॉमस हार्डी तक लगभग सबकुछ पढ़ डाला था। वे एक घंटे में लगभग 100 पन्ने तक पढ़ लेते थे। इस रफ्तार के कारण ही वह कॉलेज में रहने के बावजूद अपने समय की वैज्ञानिक पत्रिकाओं को पढ़कर यह जान लेते थे कि दुनिया भर की प्रयोगशालाओं में क्या-क्या नए शोध किए जा रहे हैं।

वे जब प्रेसिडेंसी कॉलेज में पढ़ रहे थे, तब अरनॉल्ड समरफील्ड ने भौतिकी में हुए दिलचस्प नए प्रयोगों पर व्याख्यान दिया। उन तमाम छात्रों में अकेले चंद्रशेखर ही थे, जिन्होंने उस महान् व्यक्ति के द्वारा कहे गए एक-एक शब्द को अक्षरशः समझ लिया। लेक्चर के बाद चंद्रशेखर की सोमरफील्ड

---

* नासा के सहयोग से भरथियार यूनिवर्सिटी द्वारा आयोजित स्पेस फेस्टिवल के उद्घाटन पर संबोधन, कोयंबटूर, 9 जुलाई, 2012।

से एक बहुत सार्थक चर्चा हुई। आगे चलकर अपनी डिग्री हासिल करने के बाद चंद्रशेखर कैंब्रिज यूनिवर्सिटी के ट्रिनिटी कॉलेज में पढ़ने चले गए। उस दौरान ट्रिनिटी में उन्होंने रॉयल एस्ट्रोनॉमिकल सोसायटी में दो पेपर प्रस्तुत किए। उनमें से एक प्रस्तुति का संबंध सफेद बौने सितारों (व्हाइट ड्वार्फ स्टार्स) से था और कैसे इलेक्ट्रॉन के क्वांटम यांत्रिकी गुण इन सितारों के जीवन-चक्र को अंत में प्रभावित करते हैं। चंद्रशेखर के सहयोगी सर आर्थर एडिंगटन ने उस पेपर के बाद एक प्रस्तुति दी, जिसमें उन्होंने चंद्रशेखर के निष्कर्षों की कड़ी आलोचना की। इस हमले से चंद्रशेखर को गहरा आघात लगा और वह जीवन भर इससे उबर नहीं पाए। इस असहमति के कारण चंद्रशेखर ने शिकागो यूनिवर्सिटी में मशहूर अमेरिकी खगोल-शास्त्री ओटो स्टूव की ओर से दिए गए रिसर्च एसोसिएट का पद स्वीकार कर लिया। चंद्रशेखर का पूरा कैरियर शिकागो यूनिवर्सिटी में ही बीता। चंद्रशेखर की सबसे प्रसिद्ध सफलता थी 'एस्ट्रोफिजिकल चंद्रशेखर लिमिट'। उन्होंने इस लिमिट की गणना भारत से इंग्लैंड की जलयान यात्रा के दौरान की। यह लिमिट किसी सफेद बौने सितारे के अधिकतम द्रव्यमान (~1.44 सोलर द्रव्यमान) को बताती है या उस न्यूनतम द्रव्यमान को बताती है, जिसे पार कर ही एक सितारा किसी न्यूरॉन स्टार या ब्लैक होल में समा जाता है।

सन् 1947 में चीन के दो छात्र सुंग-दाओ ली और चेन निंग यांग चंद्रशेखर की देखरेख में डॉक्टरेट कर रहे थे। इसके बावजूद कि उनका दफ्तर विस्कॉन्सिन के लेक जिनिवा की यर्क्स वेधशाला में था, चंद्रशेखर नियमित रूप से लगभग 100 मील तक ड्राइव कर ली और यांग को पढ़ाने जाते थे। सन् 1957 में दोनों छात्रों को कण भौतिकी अनुसंधान के लिए 'नोबेल पुरस्कार' दिया गया। यह अपने छात्रों के प्रति चंद्रशेखर की प्रतिबद्धता और समर्पण को दिखाता है। आविष्कार और नई खोज उन सृजनात्मक मस्तिष्कों के परिणाम हैं, जो दिन-रात काम में जुटे रहते हैं और परिणामों की कल्पना करते हैं। कल्पना और अथक प्रयास से इस ब्रह्मांड की सारी ताकतों को उस प्रेरक मन के लिए कार्य करना चाहिए,

जिससे कि नए आविष्कार किए जा सकें। मुझे विश्वास है कि आप सभी इस संदेश को समझेंगे और अपने-अपने क्षेत्र में इसे लागू करेंगे। इस प्रकार आप विफलताओं के बावजूद समाज के उत्कर्ष के लिए आवश्यक आविष्कार कर सकेंगे।

□

आपके नाम एक पत्र*

विभिन्न प्रकार की परीक्षाओं में बैठने के अपने अनुभव के आधार पर मैं छात्रों को एक सलाह देना चाहूँगा। मैंने अपनी पढ़ाई-लिखाई के दौरान पाँच महत्त्वपूर्ण परीक्षाएँ दी हैं—ई.एस.एल.सी. (आठवीं कक्षा), एस.एस.एल.सी. (दसवीं कक्षा), इंटरमीडिएट (बारहवीं कक्षा), बी.एस-सी. और डी.एम.आई.टी. (एयरोनॉटिकल इंजीनियरिंग)। अकसर नतीजे मेरी उम्मीद के अनुसार नहीं होते थे। पेपर लीक के कारण मुझे एक साल का नुकसान भी उठाना पड़ा। मैं आपसे यह बात इस वजह से कह रहा हूँ, ताकि आप समझ लें कि परीक्षा और उसके परिणाम ही आपके जीवन का अंतिम लक्ष्य नहीं हैं। यदि पहली बार आपका प्रदर्शन अच्छा नहीं रहा तो आपके पास परीक्षा में दोबारा बैठने और सफल होने का अवसर रहता है।

इसलिए, आपको मेरी सलाह है—सफलता सदैव खुशी देती है; लेकिन कभी-कभी हमें परीक्षाओं में विफलताओं का सामना करने के लिए भी तैयार रहना चाहिए। उनके अनेक कारण हो सकते हैं। मैं आपको बताता हूँ कि मेरे शिक्षक ने मुझसे क्या कहा था, ''जीवन में हमें अप्रत्याशित समस्याओं का सामना करने के लिए तैयार रहना चाहिए। समस्या हमारी कप्तान नहीं बन सकती। आपके जैसे छात्रों को उस समस्या का कप्तान बनना चाहिए। उसे पराजित कर सफल होना चाहिए।''

* एक पत्र के कुछ अंश, 10 राजाजी मार्ग, नई दिल्ली, 18 मार्च, 2010।

सफलता का साहस और अप्रत्याशित समस्याओं का सामना करने का साहस युवाओं के विशेष गुण होते हैं। आप निश्चित रूप से सफल हों, बस प्रयास करते रहिए। मामूली झटकों से हिम्मत हारने की जरूरत नहीं है।

□

एक माँ का सपना*

मैं आप सबको कर्नाटक की सुलोचना की कहानी सुनाता हूँ, जिसने मुझे अपनी माँ के बारे में एक चिट्ठी लिखी थी। उसने कहा कि उसकी माँ एक बहुत गरीब परिवार में जनमी थीं और इस कारण डिग्री हासिल करने का अपना सपना पूरा नहीं कर सकीं। वे महज प्राइमरी स्कूल तक ही पढ़ सकीं। इसने उनमें यह जज्बा पैदा किया कि वे अपने बच्चों को ऊँची शिक्षा दिलाएँ और बड़ी कंपनियों में काम करने के काबिल बनाएँ। उन्हें सुलोचना के पिता को मनाने में बहुत मुश्किलें आईं कि वह सुलोचना और उसकी बहन को स्कूल में डालें। उसकी माँ ने उसके पिता को इस बात के लिए राजी करने के लिए दो-तीन दिन तक खाना-पीना भी छोड़ दिया कि बच्चों को किसी भी खर्च पर बेहतरीन स्कूल में भेजना जरूरी है। आखिर में वह सफल रहीं और आभार जताने के लिए उन्होंने वादा किया कि वह जीवन में कभी उनसे कुछ और नहीं माँगेंगी। वह इस बात से संतुष्ट थीं कि बच्चों को अच्छी शिक्षा मिलेगी, जो वे स्वयं हासिल नहीं कर सकी थीं। सुलोचना ने लिखा—"अब वह बहुत खुश हैं कि मैं, यानी उनकी बड़ी बेटी, अपनी इंजीनियरिंग की डिग्री हासिल कर कैंपस रिक्रूटमेंट के जरिए एक बहुराष्ट्रीय कंपनी में नौकरी करने जा रही हूँ। मेरी माँ ने जब सुना कि मुझे नौकरी मिल गई है तो वे बहुत खुश हुईं कि मैंने उनका सपना पूरा कर दिया है। मैंने देखा

* दिल्ली पब्लिक स्कूल के छात्रों को संबोधन, वाराणसी, 14 मार्च, 2012।

कि वह अपनी आँखों में आँसुओं के बावजूद मुसकराते हुए कह रही थीं, 'बधाई हो, मेरी प्यारी बेटी'।''

एक माँ का प्यार निश्चित रूप से बच्चे को शानदार प्रदर्शन के लिए प्रेरित कर सकता है।

□

जिंदगी खूबसूरत है

'कभी किसी राष्ट्रपति को इतना प्यार नहीं मिला। नेहरू ने बच्चों का प्यार और स्नेह जीता था और उनके बाद हम डॉ. कलाम को देखते हैं। कभी-कभी वे जब बच्चों के बीच होते थे तो मुझे लगता था कि वे नेहरू का ही एक रूप हैं। वह हमेशा नए विचारों, नई सोच से प्रेरित करते रहते थे।'

—प्रणव मुखर्जी
भारत के राष्ट्रपति

मेक योर मदर स्माइल मिशन*

पिछले कुछ महीनों से 'व्हाट कैन आई गिव मिशन' ने देश भर के बच्चों को मेक योर मदर स्माइल मुहिम में शामिल किया है, जिसमें उन्हें ऐसे अनोखे काम दिए गए, जिससे वे हर दिन अपनी माँ के चेहरे पर मुसकान ला सकें। मैंने लाखों बच्चों को यह शपथ दिलाई है—

अपनी माँ को सदा मुसकराहट दो
अगर तुम्हारी माँ मुसकाएगी, पूरा घर मुसकराएगा
अगर घर मुसकराया तो समाज मुसकराएगा
अगर समाज मुसकराए तो देश मुसकराएगा।

इन अभियानों के दौरान मुझे दिल को छू लेनेवाली अनेक कहानियाँ और अनुभव सुनने को मिले हैं। आपकी अनुमति से मैं उनमें से कुछ के बारे में आपको बताना चाहूँगा। दिल्ली से दसवीं कक्षा के छात्र धीरज ने लिखा और बताया कि माँ के प्रेम को एक गणितीय समीकरण से परिभाषित किया जा सकता है। उसने कहा—

माँ का प्यार = $\tan \theta$, जहाँ $\theta = 90$ डिग्री

इसलिए, उसके समीकरण के अनुसार उसकी माँ का प्यार = अनंत।

माँ के प्रेम को अभिव्यक्त करने का यह कितना शानदार तरीका था!

इसी प्रकार आठवीं की छात्र रिया अरोड़ा ने माँ की परिभाषा इस रूप में दी है—

* वोलंट्रिएट के स्वर्ण जयंती समारोह के उद्घाटन पर संबोधन, पुदुचेरी, 8 जून, 2012।

m = मोटिवेशन, जो उसके आशीर्वाद से मिलता है।

o = ऑप्टिमिज्म, एक आशावादी व्यक्ति।

t = टर्न्स टॉट्स टू टींस, घुटनों के बल चलनेवालों को चलना सिखाती है।

h = ऑनेस्ट, अपने काम में ईमानदार और सबसे अच्छी।

e = एनथुजियाज्म, उत्साह भी उसे नमन करता है।

r = राइट, वह हमेशा सही होती है।

मुझे लगता है, उसने माँ के प्रेम को सच में बहुत शानदार तरीके से बताया है।

व्हाट आई कैन गिव मिशन के माध्यम से 10 लाख से अधिक बच्चे आज देश भर में अपनी-अपनी माँ के चेहरे पर मुसकान लाने में जुटे हैं, साथ ही इस विचार को फैला रहे हैं कि जब माँ मुसकराती है तो समाज मुसकराता है।

□

एक छोटा सा चमत्कार*

निहार जब महज चार साल का था, तब उसके बोलने और चलने के ढंग के साथ ही उसके गुस्सैल स्वभाव के कारण उसके माता-पिता को शक हुआ कि उसमें सीखने को लेकर समस्या है। माता-पिता ने निहार का दाखिला एक मुख्यधारा के स्कूल में करा दिया, जहाँ शिक्षक उसे तब तक नहीं पढ़ा सके, जब तक कि वह बारह वर्ष का नहीं हो गया। इसका भी कोई लाभ नहीं हुआ तो निहार को एक विशेष स्कूल में लाया गया। शुरुआती तीन वर्षों के दौरान उसे आई.टी.यू. (इंटेंसिव थैरैपी यूनिट) में ले जाया गया, जो एक कठिन चुनौती थी। कक्षा में उसे एक पल के लिए भी बैठने का धैर्य नहीं था। पहली ऑडिटरी रि-ट्रेनिंग के बाद हालत में कुछ सुधार आया। स्कूल के शिक्षकों ने निहार के साथ 'वातावरण के साथ संचार के माध्यम से सीखने की विकलांगता का सामना' करने के कार्यक्रम का प्रयोग किया। उस कार्यक्रम के चार चरण थे।

उसके माहौल का सर्वोत्तम प्रयोग करते हुए निहार के जन्मजात गुणों को उभारा गया। तीसरे साल में संगीत और कला से जुड़े उसके गुण सामने आए और वह पूर्व व्यावसायिक शिक्षा के क्लासरूम में बैठकर दिए गए काम को स्थिरता से करने लगा। उनसे आँखें मिलाकर बात करना शुरू किया और उस बात पर ध्यान देने लगा, जो उससे कहा जाता था। कला के प्रति उसके

* आदिचुनचुनागिरी इंस्टीट्यूट ऑफ मेडिकल साइंसेज के स्नातक दिवस पर संबोधन, मांड्या, 22 मार्च, 2013।

जबरदस्त रुझान को देखते हुए उसे कला विभाग में आगे बढ़ाया गया, ताकि व्यावसायिक ट्रेनिंग के साथ-साथ उसे थेरैपी दी जाए। योग, लाफ्टर थेरैपी, ब्रेन जिम आदि की वैकल्पिक थेरैपी दी गई। कार्यक्रम का यह चरण मस्तिष्क के बाएँ और दाएँ हिस्से के बीच तालमेल बिठाने पर आधारित है, जिससे कि छात्र के संपूर्ण व्यक्तित्व को विकसित किया जाए और एक हद तक उसकी विकृति से निकलने में उसकी मदद की जाए।

कार्यक्रम का तीसरा चरण 'तालमेल के माध्यम से संचार के नेटवर्क को जोड़ने और उसकी शुरुआत' करने से संबंधित था, जहाँ उसे सम्मानित किया गया और समाज के एक सदस्य के रूप में देखा गया, जिसमें बड़े लक्ष्यों को पूरा करने की क्षमता थी। इस प्रकार सलाह देने की प्रक्रिया में सलाह देने और लेनेवाले के बीच, आपस में छात्रों के बीच और छात्र तथा समाज के बीच एक तालमेल पैदा हुआ। यहाँ निहार ने दृश्य कला और स्थापत्य विभाग के समूह का हिस्सा होने के संकेत दिए, अपने साथियों के साथ बातचीत करना और शैक्षिक यात्रा पर उनके साथ बाहर जाना शुरू किया।

एक साल के भीतर निहार के व्यवहार में परिवर्तन आया। अंतिम चरण में स्कूल ने माता-पिता के व्यवहार को सामान्य बनाने का काम किया, विकलांगता को लेकर उनके मन की गाँठों को दूर करना शुरू किया। इस प्रकार माता-पिता को निहार के दैनिक जीवन के प्रति जिम्मेदार बनाने के साथ उसमें साझीदार भी बनाया।

निहार की माँ की काउंसिलिंग की गई, ताकि उनकी चिंता और डर को दूर किया जा सके, जिसने निहार को स्वतंत्र बनने से रोक रखा था। वह स्कूल के कार्यक्रम के साथ सहयोग करती थीं और अपने बेटे के लिए वास्तव में कड़ी मेहनत की। आज उन्हें निहार की उपलब्धियों पर गर्व है।

निहार ने उस स्कूल में चौदह वर्ष की ट्रेनिंग पूरी की और फिर श्रद्धा धर्मार्थ ट्रस्ट के साथ जुड़ गया। उसने सफलतापूर्वक दो साल की इंटर्नशिप पूरी की। वह समाज का एक आय अर्जित करनेवाला सदस्य है, जिसका वेतन 5,000 रुपए है। आज निहार एक आत्मनिर्भर व्यक्ति है, जो उन सारी

गतिविधियों और प्रतियोगिताओं का आनंद उठाता है, जिसमें वह शामिल होता है। निहार के अनुभव से हमें यह संदेश मिलता है कि विकलांगतावाले बच्चों के माता-पिता को उन्हें बिना देरी किए उपयुक्त स्कूल में डालना चाहिए। आज ऐसे शिक्षकों को बड़ी संख्या में तैयार करने की जरूरत है, जो विशेष बच्चों की जिम्मेदारी सँभाल सकें और फिर उन्हें नियमित स्कूल तक भेज सकें। इससे कम-से-कम शुरुआत में ही विशेष आवश्यकताओं का पता चल जाएगा और फिर बच्चे को इलाज व प्रशिक्षण के लिए सही माहौल में डाला जा सकेगा।

□

वास्तविक सत्य*

वर्ष 2003 में मैं जब अरुणाचल प्रदेश के दौरे पर था तो मैंने लगभग पूरा एक दिन तवांग के बौद्ध मठ में बिताया, जो 3,500 मीटर की ऊँचाई पर स्थित है। मैंने पास के सारे गाँवों में एक खास बात देखी। वहाँ के युवा और बुजुर्ग सब कठोर सर्दी के बावजूद खुशी से चमक रहे थे। 400 साल पुराने तवांग मठ में भी मैंने हर उम्र के भिक्षुओं को शांत मनोदशा में देखा। मैंने अपने आपसे यह पूछा कि आखिर वह कौन सी खासियत है, जिसने तवांग और उसके आसपास के गाँवों के लोगों तथा भिक्षुओं को इतना शांत चित्तवाला बना दिया। जब सही अवसर आया, तब मैंने प्रमुख भिक्षु से पूछा कि तवांग गाँव और मठ खुशी व शांति से भरपूर किस प्रकार है? वह कुछ देर तक शांत रहे और फिर मुसकराने लगे। मुख्य भिक्षु ने कहा, ''आप भारत के राष्ट्रपति हैं। आपको हमारे बारे में और पूरे देश के बारे में सबकुछ मालूम होना चाहिए।'' यह सुनकर मैंने फिर से कहा, ''मेरे लिए यह जानना बहुत महत्त्वपूर्ण है और इस कारण ही मैं चाहता हूँ कि आप मुझे सोच-विचारकर जवाब दें।''

वहाँ भगवान् बुद्ध की सोने की एक मुसकराती प्रतिमा थी, जो शांति फैला रही थी। मुख्य भिक्षु यहाँ लगभग सारे सौ भिक्षुओं, युवा और बुजुर्ग के साथ मौजूद थे। हम उनके बीच बैठे। मुख्य भिक्षु ने एक छोटा धर्मोपदेश

---

* रामकृष्ण मिशन की ओर से आयोजित विभिन्न धर्मों की बैठक के उद्घाटन पर संबोधन, नई दिल्ली, 10 सितंबर, 2011।

दिया, जिसे मैं आपको बताना चाहूँगा। उन्होंने कहा, "वर्तमान विश्व में हमारे सामने अविश्वास और दु:ख की समस्या है, जो हिंसा का रूप ले लेती है। यह मठ इस विचार का प्रसार करता है कि जब आप अपने मन से 'मैं' और 'मेरा' को निकाल देंगे तो अहंकार से मुक्त हो जाएँगे। यदि आप अहंकार से मुक्त हो गए तो दूसरे मनुष्यों के प्रति नफरत भी मिट जाएगी। यदि मन से नफरत निकल जाए तो विचारों और कर्म से हिंसा जाती रहेगी। यदि मन में हिंसा नहीं रही तो सारे मनुष्यों के मन में शांति उत्पन्न होगी। फिर समाज में केवल शांति, शांति और सिर्फ शांति ही फले-फूलेगी।"

मुझे शांतिपूर्ण जीवन का यह समीकरण समझ आ गया; लेकिन मुझे यह भी लगा कि मन से 'मैं' और 'मेरा' की भावना को निकालना किसी व्यक्ति के लिए कठिन होगा। हमें इस विचार को बच्चों के बीच बचपन में ही डाल देना होगा। एक शांतिपूर्ण और खुशहाल समाज की अपनी तलाश में मुझे एक छोटा सा उत्तर मिल गया था। वास्तविक सत्य के लिए मेरी तलाश जारी है।

□

एक सदाबहार दोस्त*

मैं जब कवियों से मिलता हूँ तो मुझे 100 वर्ष पुराने एक पेड़ की सुंदर कहानी याद आती है, जिसे मैं आप सबके साथ साझा करना चाहता हूँ। वह पेड़ 10, राजाजी मार्ग स्थित मेरे बगीचे में है। उस पेड़ को अर्जुन कहते हैं, जबकि उसका जैविक नाम 'टर्मिनालिया अर्जुना' है। यह पेड़ मेरा जैव-विविधता का मित्र है। मैं हर सुबह और फिर शाम को अपने बगीचे में करीब डेढ़ घंटे तक टहलता हूँ। मेरे वृक्ष मित्र से हर दिन कोई नई बात सीखने को मिलती है। आप यह पूछ सकते हैं कि कैसे एक अकेला 100 साल पुराना पेड़ जैव-विविधता का जीवंत प्रतीक बन सकता है। वह पेड़ और मेरे माता-पिता लगभग एक ही उम्र के हैं। मेरे पिता 103 वर्षों तक जीवित रहे और मेरी माँ 90 वर्ष से अधिक आयु तक जीवित रहीं। मुझे दुःख इस बात का होता है कि सैकड़ों शाखाओंवाला मेरा लंबा-चौड़ा मित्र अर्जुन हर साल अप्रैल में अपने सारे पत्ते खो देता है और वीरान हो जाता है।

फिर, एक महीने बाद जब वह फिर से न केवल हरा-भरा, बल्कि रंग-बिरंगे फूलों से भर जाता है तो मुझे खुशी होती है। वह फिर से विशालकाय नजर आने लग जाता है। उस पेड़ पर सैकड़ों शाखाएँ हैं। एक विशेष शाखा ऐसे स्थान पर है, जिसका पता लगाना खास तौर पर मुश्किल होता है, क्योंकि वह घने पेड़ के बीचोबीच है। मैंने उस शाखा पर एक हैरान करनेवाली तसवीर देखी—हजारों-हजार मधुमक्खियों ने वहाँ एक बहुत बड़ा छत्ता बना

---

* पोएट्री सोसाइटी में संबोधन, नई दिल्ली, 8 जुलाई, 2011।

लिया है। अर्जुन के कई हिस्सों में मैना, गौरैयों, कौओं और कोयलों ने अपने घोंसले बना रखे हैं। सबसे ऊपर की डालियों पर रंग-बिरंगे तोते रहते हैं। कभी-कभी एक धनेश वहाँ आ जाता है और फिर सारे पक्षी मिलकर उसे भगाने पर तुल जाते हैं। हर दिन मैं देखता हूँ कि कैसे उस पतंग के खिलाफ एकजुट हो जाते हैं, जिसका खतरा उन सभी के बच्चों पर मँडराता रहता है।

सारे मौसमों में मेरा यह पेड़ सभी जीवों को सुखद छाया देता है। कई बार मैंने देखा है कि कई सारे मोर पेड़ के चारों तरफ नाचने लगते हैं। फिर मोरनी पेड़ के करीब एक झाड़ी को चुनकर वहाँ सात से दस अंडे देती है। वह 45 दिनों तक उनकी रक्षा करती है, उन पर सँभलकर बैठती है और उन्हें ऊष्मा देती है।

क्या आपको नहीं लगता कि मेरे पास एक शानदार पेड़ है ? यह जैव-विविधता वाला मेरा साथी है और बच्चों का भी दोस्त है। मैंने अपने घर में लगे पेड़ अर्जुन के लिए एक कविता लिखी है। मैंने पेड़ से पूछा—तुम्हारा मिशन क्या है ? आप भी जानना चाहेंगे कि मेरे घर के पेड़ ने मुझे कितना अच्छा जवाब दिया।

मेरे घर का वह महान् वृक्ष

हे मेरे घर के वृक्ष!
तुम पेड़ों में महान् हो।
तुम्हारी शांति छाया में कई पीढ़ियों ने पाई समृद्धि
दशकों से तुम हो दयावान्,
आज भी तुम्हारी कृपा पर टिका कितनों का जीवन
जीवन के तुम्हारे गीत सुन खिल उठता मेरा मन।
हे मेरे मित्र कलाम!
तुम्हारे माता-पिता के समान मैंने जिया एक सदी का जीवन।
हर सुबह तुम करते घंटे भर चहलकदमी
मैं देखता हूँ तुम्हें जब फैली होती है पूर्णिमा की चाँदनी,

सोचते-विचारते देखा है तुम्हें टहलते।
मैं जानता हूँ मेरे मित्र, तुम्हारे मन की बात,
'बताओ, क्या दे सकता हूँ मैं तुम्हें ?'
जब देखते हो तुम मुझे अप्रैल में,
बार-बार हर बार गहरी चिंता के साथ,
गिरती हैं जब हजारों-हजार पत्तियाँ,
तुम पूछते हो मेरे सखा,
मुझ पर है किस बात का बोझ ?
गिराता हूँ पुरानी पत्तियाँ, तब आती है नए कोंपलों की बारी,
खिलाता हूँ फूल तितलियों-मधुमक्खियों की खातिर।
तो कलाम, मुझ पर नहीं कोई बोझ,
ये है मेरे जीवन का सबसे सुंदर दौर।
अब, चलो कलाम, करो मेरे साथ एक सैर,
देखो करीब से, मेरी घनी डालियों में झाँको,
जहाँ शहद से भरा है एक छत्ता,
जिन्हें हजारों मेहनती मधुमक्खियों ने बनाया,
अथक परिश्रम से इतना शहद जुटा।
शहद से भरा वह छत्ता, हर एक बूँद में मिठास का भार,
हजारों मधुमक्खियों का है जिस पर पहरा।
किससे जुटाया ये शहद और किससे इसकी रखवाली ?
यह तुम्हारे लिए है अमीरो और गरीबो,
मेरा ध्येय है इसे हर जीव तक पहुँचाना।
हे कलाम ! क्या तुमने मेरे घोंसले देखे,
बनाया जिन्हें पक्षियों ने मेरी ही डालियों से ?
मेरी आसमान छूती डालियों पर बसे हैं सैकड़ों तोते।
सही ही तुमने कहा, मैं हूँ तोतेवाला पेड़।
आजकल, तुम मुझे शहदवाला पेड़ भी कहते हो,

मैं जब तुम्हें अपने पोते से मेरे बारे में बात करते सुनता हूँ,
मैं मुसकराता हूँ और मुसकराता जाता हूँ।
मैं अपनी डालियों और तने की खोह में देता हूँ पक्षियों को आसरा।
मैंने सुना है पक्षियों को गाते और देखा है, प्रेम, जन्म और सृजन।
उड़ते हैं पक्षी मेरे चारों ओर, बाँटते हैं खुशियाँ।
आजकल कलाम, टहलते हुए हर दिन तुम आते हो मेरे पास,
देखते हो गौर से मेरी जड़ों को,
घने फूलों के बगीचे चारों ओर, जहाँ हरे मुलायम घास पर बैठती है मोरनी,
वह मोरनी जहाँ देती है अंडों को गरमाहट,
दिन-रात आनेवाले बच्चों की वात्सल्य प्रेम से करती है सेवा।
तुम्हारे घर की यह खूबसूरत तसवीर थी।
मोरनी और उसके सात बच्चे,
शान से घूमते हैं मेरे चारों ओर,
और बच्चों की करती है निगेहबानी दिन-रात।
अब, तुम पूछते हो कलाम, मेरा उद्देश्य क्या है?
मेरे सौ वर्षों के जीवन का मकसद?
मेरी चाहत है, मैं दे दूँ वह सबकुछ, जो है मेरे पास,
मैं देता हूँ फूल और शहद, सैकड़ों पक्षियों को बसेरा।
मैं देता हूँ, बस, देता हूँ, मैं रहता हूँ सदैव जवान और प्रसन्न।

□

विज्ञान का जादू*

अनुसंधान प्रयोगशालाओं से नई तकनीक के सामने आने और समाज में उनका प्रसार बहुत अच्छी बात है। जैविक विज्ञान और बायोटेक्नोलॉजी में हुई तरक्की का भी उद्योग, सरकारी नीतियों और न्यायपालिका समेत समाज के विभिन्न क्षेत्रों पर महत्त्वपूर्ण प्रभाव पड़ा है। फोरेंसिक साइंस अनेक साधनों में से एक है, जो न्यायिक प्रणाली में कार्य-कुशलता और सटीकता में सहायक है। न्याय प्रणाली हमारे सामाजिक ताने-बाने का आधार है और राष्ट्र का निर्माण करनेवाला एक प्रमुख अंग है।

हाल ही में मैंने एक लेख पढ़ा, जिसने उन नवीन प्रयोगों और जानकारियों के विस्तार का जिक्र किया, जिनका प्रयोग फोरेंसिक साइंस में किया जा सकता है। उस लेख में प्रो. नोह फायरर और कोलोराडो यूनिवर्सिटी की उनकी टीम की ओर से किए जा रहे एक प्रयोग की चर्चा है, जिसने फोरेंसिक पड़ताल में हैंड बैक्टीरिया के दायरे की समीक्षा की। यह टीम कंप्यूटरों के की-बोर्ड से स्वैब लेती है, जिसका मिलान कंप्यूटरों के मालिकों के पास पाए गए बैक्टीरिया से किया जाता है। उन्होंने जो पाया और जैसा कि बी.बी.सी. में भी रिपोर्ट किया गया, 'प्रत्येक व्यक्ति अपने पीछे दैनिक जीवन के कामकाज के दौरान कीड़े छोड़ जाता है।' और वैज्ञानिकों का कहना है कि यही सुराग नए फोरेंसिक जाँच का आधार बन जाता है, यहाँ तक कि साफ-सुथरे हाथ में भी करीब 150 किस्म के बैक्टीरिया पाए जाते हैं। रिसर्च टीम ने बिना

---

* एक स्वतंत्र लैब, ट्रुथ लैब्स के उद्‌घाटन पर संबोधन, चेन्नई, 10 जुलाई, 2010।

सिलसिलेवार ढंग के कुछ लोगों के सैंपल लिये और जब उन्हें मैच किया गया तो 90 प्रतिशत तक सटीक नतीजे निकले। सबसे बड़ी उम्मीद इस पहलू को लेकर जगी है कि हाथ का बैक्टीरिया रूम के तापमान पर दो हफ्ते तक जीवित रह सकता है और फिंगरप्रिंट को मिटा दिए जाने के बाद या डी.एन.ए. को लेकर पर्याप्त आँकड़े न हों तो भी यह काम आ सकता है। इससे यह तथ्य उजागर होता है कि फोरेंसिक वैज्ञानिकों की सोच नई होनी चाहिए और उन्हें फोरेंसिक विश्लेषण के नित नए तौर-तरीकों का प्रयोग करना चाहिए। चूँकि अपराधी कानून से बचने के नए-नए हथकंडे अपना रहे हैं, ऐसे में फोरेंसिक को भी नए-नए बदलाव लाकर अपने दायरे को बढ़ाना होगा।

□

एक खूबसूरत मन*

सन् 1970 में एक महिला ने तमन्ना नाम की एक बच्ची को एक जाने माने अस्पताल में जन्म दिया। उस समय अस्पताल में सिजेरियन ऑपरेशन की कोई सुविधा नहीं थी और देखरेख कर रही डॉक्टर ने स्वाभाविक जन्म पर जोर दिया। रात 10 बजे उसे प्रसव की पीड़ा शुरू हो गई और रात 2 बजे तक जारी रही। तब डॉक्टर ने डिलिवरी के दौरान चिमटे का प्रयोग किया, जिसने बच्चे के मस्तिष्क को खराब कर दिया। इतना ही नहीं, लंबी प्रसव पीड़ा के कारण बच्चे के लिए गंभीर हाइपोक्सिक की स्थिति पैदा हो गई। नतीजा यह हुआ कि तमन्ना अपना सिर नहीं उठा पाती थी, न ही स्तनपान कर पाती थी। उसके हाथ-पैर एक-दूसरे के आर-पार और बाहर की ओर निकले हुए थे। तेरह दिन बाद तमन्ना को पी.जी.आई. चंडीगढ़ ले जाया गया। इलेक्ट्रोएनसेफालोग्राम (विद्युत् मस्तिष्क लेख) में उसके मस्तिष्क में खराबी का पता नहीं चल सका और डॉक्टर ने उसे किसी बड़े अस्पताल में जाने की सलाह दी। उस अस्पताल तक जाते-जाते दो महीने बीत गए। जब उन्होंने सीटी स्कैन करवाया तो पाया गया कि मस्तिष्क में इतनी बड़ी चोट है कि उसे ठीक नहीं किया जा सकता है। डॉक्टर ने कहा, ''उसकी हालत में कोई सुधार संभव नहीं है। जो होना था, वह हो चुका है। अगर कोई सुधार हुआ भी तो यह कि वह अपने जीवन में बहुत देर से कुछ सीख या कर सकेगी।''

* नि:शक्त बच्चों के लीड इंडिया 2020 और तमिलनाडु सरकार के प्रोग्राम में संबोधन, कोयंबटूर, 14 दिसंबर, 2012।

तमन्ना जब तीन महीने की हुई, तब उसे मुंबई में डॉ. फिरोज के पास ले जाया गया, जहाँ उसका इलाज एक साल तक चला। इसके बाद तमन्ना को आगे के इलाज के लिए अमेरिका ले जाया गया, जहाँ उसे खूब फिजियोथैरेपी कराई गई। उसकी विभिन्न मांसपेशियों के बीच बेहतर तालमेल हो, इसके लिए स्विस बॉल का प्रयोग भी किया गया। छह साल तक चले प्रयासों के बाद वह अपने पैरों पर खड़ी हो सकी। बाद में वह रेलिंग के सहारे सीढ़ियाँ भी चढ़ने लगी। ऐसा करना उसे आसान और दिलचस्प दोनों लगता था और इससे उसकी मांसपेशियों का विकास भी हुआ।

तमन्ना की माँ उसे विभिन्न प्रकार की वाटरप्रूफ किताबें पढ़ने के लिए दिया करती थी। वह उन्हें धीरे-धीरे पढ़ने और समझने लगी। उसकी माँ लगातार उससे बातचीत करती रहती थी। तमन्ना को अपनी माँ की बात समझ आती थी। भले ही वह उनकी बात का जवाब न दे सके, फिर भी वह सारी बातों को सुनती थी। इस प्रकार परिवार उससे बातचीत करता रहता था। नौ साल की उम्र में तमन्ना आखिरकार बोलने लगी। उसके लिए एकाग्रता और भावों को व्यक्त करना अब भी मुश्किल था। वह चीजों में अंतर नहीं कर पाती थी और उसकी माँ की सबसे बड़ी चिंता यही थी। उसे विभिन्न प्रकार की शिक्षा के कोर्स पर लगातार रखा गया और ग्यारह साल की उम्र में वह नृत्य करना सीखने लगी।

उसने माउंट कारमेल स्कूल में दाखिला लिया और कार से स्कूल जाने लगी। बाद में वह साइकिल भी चलाने लगी। उसने नेशनल ओपन स्कूल से 68 प्रतिशत अंकों से हाई स्कूल पास किया। उसने पर्यटन में भी एक कोर्स पूरा किया और इंदिरा गांधी ओपन यूनिवर्सिटी से टीचर्स ट्रेनिंग की। वह साँस लेने के व्यायाम और प्राणायाम नियमित रूप से करती है। अब उसके हर दिन की शुरुआत भाषा विकास के क्लास से होती है और फिर वह पश्चिमी संगीत की क्लास, कथक क्लास, अखबार पढ़ने, इंटरनेट सर्फिंग के साथ ही डी.पी.एस. में पढ़ाने और स्वीमिंग जैसी गतिविधियाँ करती है। वह काउंसिलिंग में बी.ए. का प्रोग्राम करने की भी कोशिश कर रही है।

तमन्ना का अनुभव स्पष्ट रूप से दिखाता है कि यदि माता–पिता धैर्य रखें और सही माहौल उपलब्ध कराएँ, चिकित्सकीय सुविधा एवं मनोवैज्ञानिक सहयोग दें तो सबसे कठिन मानसिक समस्या से भी बच्चे को निजात दिलाई जा सकती है और वह एक सामान्य जीवन जी सकता है।

□

बीज का पोषण*

वर्ष 2001 में जब मैं अन्ना यूनिवर्सिटी में पढ़ा रहा था, तब मुझे चेन्नई में प्रेसीडेंसी कॉलेज की ओर से छात्रों से बातचीत का निमंत्रण भेजा गया। मैं जब वहाँ पहुँचा तो 1,500 से अधिक छात्रों को हॉल में देखा। मंच पर पहुँचना बहुत मुश्किल था। मैंने जब अपना व्याख्यान 'दूरदर्शिता देश को ऊँचाई देती है' को समाप्त किया तो छात्रों ने मुझसे कई सवाल किए। मैं जब सभागार से निकल रहा था, तब भीड़ के बीच से एक छात्र अचानक आगे आया और उसने मेरे हाथ में एक मुड़ा-तुड़ा कागज का टुकड़ा दे दिया। मैंने उस पेपर को अपनी जेब में रख लिया और अन्ना यूनिवर्सिटी लौटने के रास्ते में उसे पढ़ा। टी. सर्वनन, जो उस समय प्रेसीडेंसी कॉलेज से एम.फिल. कर रहे थे, उनके संदेश की शक्ति से मेरे मन को एक नई ऊँचाई मिली। मैं उस पत्र में लिखी बातों को आप सबके साथ साझा करना चाहूँगा। पत्र इस प्रकार था—

"डियर कलाम सर, बरगद के पेड़ की शक्ति उस पेड़ के बीजों की शक्ति के ही समान होती है। एक प्रकार से आप और मैं दोनों ही एक समान हैं; लेकिन हम अपने कौशल को विभिन्न रूपों में प्रदर्शित करते हैं। कुछ बीज बरगद का पेड़ बन जाते हैं, लेकिन अनेक बीज पौधा बनने के बाद मर जाते हैं और वे पेड़ नहीं बन पाते। कुछ विशेष परिस्थितियों और माहौल

* 101वीं भारतीय साइंस कांग्रेस के दौरान बच्चों की साइंस कांग्रेस में उद्घाटन भाषण, जम्मू विश्वविद्यालय, जम्मू, 3 फरवरी, 2014।

के कारण अनेक बीज नष्ट भी हो जाते हैं और मिट्टी में उर्वरक के रूप में मिलकर नए बीजों को पेड़ बनाने में सहायक होते हैं।''

फिर सर्वनन ने पूछा, ''आपने देश के लिए काम किया है और अनेक वैज्ञानिकों, इंजीनियरों तथा ज्ञान के क्षेत्र में काम करनेवालों की मदद की है। क्या आप मुझे बता सकते हैं कि आपने यह कैसे सुनिश्चित किया कि उनकी क्षमताएँ बरबाद न हों या उनका विकास बरगद के उन पेड़ों की तरह कभी समय से पहले ही न रुक जाए और वे कभी पेड़ बन ही न सकें? आप कितने फीसदी सफलता का दावा कर सकते हैं?''

मैंने इसका उत्तर दिया और सर्वनन से कहा कि मेरे लिए अपने टीम के साथियों को ज्ञान तथा उपलब्धि के लिहाज से शानदार प्रदर्शन करते देखना बहुद सुखद होता है। जहाँ तक सफलता के प्रतिशत की बात है, तो मैं सोचता हूँ कि यह निश्चित रूप से 60 प्रतिशत होना चाहिए। लेकिन यह 60 प्रतिशत उस 100 प्रतिशत से निकला है, जो लोग परियोजना पर काम करते हैं।

मैं जो संदेश देना चाहता हूँ, वह इस प्रकार है—बरगद के पेड़ के बीज बेशक देश के नागरिक हैं। लोकतंत्र और शासन के पास प्रत्येक नागरिक को आगे बढ़ने के अवसर देने और अपनी क्षमता से प्रदर्शन करने का मौका देने की शक्ति है। इस प्रकार, प्रत्येक नागरिक के पास राष्ट्र की कल्पना के प्रति अपना योगदान देने की क्षमता है और इस प्रक्रिया में वह उस सफलता को प्राप्त कर सकता है, जो कुछ लोगों को ही मिलती दिखती है। यह ज्यामितीय अनुपात में बढ़ सकता है तथा भारत की सफलता में परिणत हो सकता है। ऐसी सफलता होगी, जिसमें भारत के सारे नागरिकों का योगदान होगा। चलिए, हम प्रत्येक बीज का पोषण करें। हमें यह हमेशा याद रखना चाहिए कि उन बीजों को, जो खाद बन जाते हैं, उन्हें किसी भी हाल में उन बीजों से कम नहीं समझना चाहिए, जो पेड़ का आकार ले लेते हैं।

□

संगीत की दोहरी भूमिका*

संगीत में किसी भी व्यक्ति को प्रसन्न कर देने की शक्ति होती है, चाहे वह शारीरिक रूप से विकलांग हो या दृष्टि-बाधित ही क्यों न हो। किंतु सबसे महत्त्वपूर्ण पहलू यह है कि दूसरों के लिए गाकर किस हद तक खुशी प्राप्त की जा सकती है। मैंने ऐसा दो अवसरों पर देखा है, जिसके बारे में मैं आप सभी को बताना चाहूँगा।

वर्ष 2005 में संगीत नाटक अकादमी अवार्ड के दौरान मैं श्रीमती गायत्री शंकरन को, जो दृष्टि-बाधित हैं, पुरस्कार देने वाला था। उन्होंने मेरे कान में फुसफुसाते हुए कहा, "क्या मैं आपके लिए गा सकती हूँ?"

मैंने कहा, "क्यों नहीं! आप एक मिनट के लिए गा सकती हैं।" और तब उन्होंने त्यागराज कीर्ति का एक सुंदर गायन पेश किया। दूसरी बार यह तब हुआ, जब हाल के एक दौरे पर मैं कोयंबटूर में जीवन के विभिन्न क्षेत्रों के लोगों से मिल रहा था। एक व्यक्ति व्हीलचेयर पर आया। उनके न पैर थे और न ही हाथ, फिर भी वह खुशी और प्रसन्नता से दमक रहा था। मैंने अपने आपसे पूछा, "इसकी इतनी प्रसन्नता का राज क्या है।"

मुझे बताया गया कि उनका नाम एस.आर. कृष्णमूर्ति है। मैंने उनसे पूछा, "बताइए, मैं आपके लिए क्या कर सकता हूँ?" उन्होंने यह कहकर मुझे चकित कर दिया, "मैं आपके लिए राष्ट्रपति भवन में गाना चाहता हूँ।" फिर उन्होंने मुझे बताया कि कैसे उन्होंने संगीत की शिक्षा अपनी बहन के

---

* हिंदू सारेगामा एम.एस. सुब्बालक्ष्मी सम्मान समारोह में संबोधन, चेन्नई, 11 अप्रैल, 2011।

साथ लेनी शुरू की और आगे चलकर विद्वान् टाइगर वरदाचारी के एक शिष्य मीनाक्षी अम्मल की देखरेख में प्रशिक्षण पाया। उन्होंने यह भी कहा कि वे आकाशवाणी में ग्रेड 'ए' के कलाकार हैं और उन्हें कई पुरस्कार भी मिले हैं। वे अपने घर पर संगीत की शिक्षा देते हैं और अनेक कंसर्ट कर चुके हैं। मैंने उनके साथ हुई बातचीत में एक बात पर खास तौर से गौर किया। वे हमेशा मुसकराते रहे और उन सभी लोगों के प्रति पूर्ण आभार जताया, जिन्होंने उनकी मदद की थी। इस बातचीत के बाद उन्होंने एक सुंदर गायन प्रस्तुत किया।

यह इस बात का एक और उदाहरण है कि कैसे संगीत ने दोहरी भूमिका निभाई है। इस विशेष मामले में संगीत ने उन्हें अपने अहंकार पर विजय दिलाने में सहायता दी थी तथा शारीरिक विकलांगता का कष्ट दूर करने में भी मदद की थी। दूसरों के लिए संगीत की प्रस्तुति से उन्हें खुशी मिली, जिसने उन्हें प्रसन्नता दी। यह हम सबके लिए एक बड़ा सबक है।

□

विरासत में मिली दुनिया*

वांगरी मुता माथाई का जन्म सन् 1940 में केन्या के न्यीरी में हुआ था। वे पूर्व और मध्य अफ्रीका की पहली महिला थीं, जिन्होंने डॉक्टरेट की उपाधि हासिल की और एक सहायक प्रोफेसर बनीं तथा आगे चलकर एक विश्वविद्यालय में विभागाध्यक्ष (पशु चिकित्सा शरीर रचना विभाग) भी बनीं। वांगरी माथाई नेशनल काउंसिल ऑफ वूमेन ऑफ केन्या (एन. सी.डब्ल्यू.के.) में सक्रिय थीं और वर्ष 1981-87 तक उसकी अध्यक्ष भी रहीं। वह एन.सी.डब्ल्यू.के. को एक बड़े पैमाने के जमीनी संगठन के रूप में बढ़ाती रहीं, जिसका प्रमुख उद्देश्य महिलाओं के समूहों के लिए पेड़ लगाना है, जिससे कि पर्यावरण को बचाया जा सके और जीवन की गुणवत्ता बेहतर हो।

इस प्रकार ग्रीन बेल्ट आंदोलन की शुरुआत हुई, जहाँ महिलाओं को प्रत्येक विदेशी पेड़ बाँटने के लिए 1 शिलिंग और देसी/फल के पेड़ों के बदले 2 शिलिंग दिए जाते थे। प्रो. माथाई ने नए प्रयोग कर इस आंदोलन का विस्तार पूरे केन्या में 600 सामुदायिक नेटवर्क में और दुनिया के बीस देशों में स्थित शाखाओं तक किया है, जिसने 3.1 करोड़ पेड़ लगाए हैं। उन्हें और ग्रीन बेल्ट आंदोलन को अनेक पुरस्कार मिले हैं, जिनमें वर्ष 2004 में मिला 'नोबेल शांति पुरस्कार' सबसे खास है।

प्रो. माथाई ने पेड़ लगाने के महत्त्वपूर्ण काम को जीवन से जोड़कर इसे

* यू.सी.एफ. के छात्रों को संबोधन और बातचीत, ऑरलैंडो, अमेरिका, 27 सितंबर, 2012।

एक नया अर्थ दिया है। वह कहती हैं, ''पेड़ लगाना विचारों को लगाने के समान है। वे योजना और भविष्य को लेकर धैर्य, निरंतरता और समर्पण के गुणों को रेखांकित करती हैं। यही बातें हम तब सीखते हैं, जब पेड़ लगाते हैं और इस बात की प्रतीक्षा करते हैं कि अगली पीढ़ी उसके फलों का लाभ उठा सकेगी। वे मानती हैं कि बादल कितने ही काले क्यों न हों, उनके बीच एक हल्की सी बिजली कड़कती है और हमें उसे ही देखना चाहिए। यदि वह रोशनी हमें नहीं तो हमारी अगली पीढ़ी को या उसकी अगली पीढ़ी को उजाला देगी और संभव है कि अगली पीढ़ी के लिए वह बिजली हल्की सी न रहे।''

भारत प्रो. माथाई के प्रति भारत और केन्या के संबंधों में उनके योगदान की सराहना करता है और उन्हें वर्ष 2005 का 'जवाहरलाल नेहरू अवॉर्ड' देकर सम्मानित करने का सौभाग्य मिला। 10 दिसंबर, 2004 को उन्होंने 'नोबेल पुरस्कार' दिए जाने पर अपने संबोधन का समापन इस प्रकार किया, ''मैं अपनी बात यह कहकर समाप्त करना चाहती हूँ कि मुझे अपने बचपन के अनुभवों का खयाल आता है, जब अपने घर के पास बहती धारा से मैं अपनी माँ के लिए पानी लेने जाती थी। मैं उस धारा से पानी को सीधे पी लेती थी। मैं उसमें हजारों मेढक देखती थी—काले, ऊर्जावान् और धरती की भूरी पृष्ठभूमि में साफ पानी में इधर से उधर तैरते रहते थे। यह वह संसार था, जो मुझे अपने माता-पिता से विरासत में मिला था और हम सभी को इस विरासत को सँभालकर रखना चाहिए।''

□

अधिक खुशी का पल वह होता है, जब कोई मरीज किए गए इलाज से पूरी तरह चंगा हो जाता है। उसके बाद उन्होंने मुझे एक कहानी सुनाई। दुबई से आए एक मरीज कृष्णा पाठक चाहते थे कि उनका इलाज डॉ. दास करें। उस मरीज का इलाज विदेश सहित अनेक जगहों पर भिन्न-भिन्न तरीकों से किया जा चुका था। उन्हें आँखों की भी अनेक बीमारियाँ थीं, जिनमें डायबिटिक रेटिनोपैथी और धब्बेदार शोफ शामिल थीं, जिनके कारण उनकी दोनों आँखों पर बुरा असर पड़ा था। इन बीमारियों के कारण उनकी आँखों की रोशनी चली गई थी और वे लिखने-पढ़ने की क्षमता खो चुके थे। जाँच के बाद डॉ. दास ने श्री पाठक की आँखों में अनेक इंजेक्शन देकर और लेजर से इलाज किया। कुछ महीनों के इलाज के बाद उनकी आँखों की रोशनी लौट आई और वे अब देख व पढ़ पाते हैं। जिस दिन श्री पाठक को अस्पताल से छुट्टी मिल रही थी, उस दिन उन्होंने डॉ. दास से पूछा, "आपके सपने क्या हैं? आप जानते हैं, डॉ. दास, मैं एक संपन्न व्यक्ति हूँ और आपके सपनों को पूरा कर सकता हूँ।" डॉ. दास ने उनसे कहा, "मैं भुवनेश्वर में एक नेत्र संस्थान और एक अनुसंधान प्रयोगशाला स्थापित करना चाहता हूँ, जहाँ डायबिटिक रेटिनोपैथी के साथ-साथ स्टेम सेल रिसर्च पर जोर दिया जाए।"

श्री पाठक बहुत खुश हुए और बोले, "ओह, डॉ. दास, मैं उस अनुसंधान संस्थान को 10 लाख अमेरिकी डॉलर की सहायता से प्रायोजित करूँगा। मैं यह भी चाहूँगा कि आप छात्रों को प्रशिक्षित करें और ऐसे अनेक डॉ. दास तैयार करें।"

मेरा आकलन यह है कि एक चिकित्सक के रूप में डॉ. दास को दोहरी पहचान मिली है। वह बीमारी का पता लगाने और उसके इलाज में अद्भुत हैं तथा अपने मरीजों का इलाज करुणा और सेवाभाव से करते हैं।

□

सबसे प्यारा पल*

नए साल के दिन शाम के समय मेरी मुलाकात मेरे ही घर पर अपने मित्र डॉ. ताराप्रसाद दास से हुई। वह मरीजों की आँख से ली गई कोशिकाओं पर आधारित स्टेम सेल ट्रीटमेंट में अपने शोध के जरिए 300 से भी अधिक मरीजों का इलाज सफलता से करने के लिए जाने जाते हैं। हम जब बीते वर्षों के अपने-अपने अनुभवों को साझा कर रहे थे, तब मैंने अपने मित्र से पूछा कि बीते वर्षों की ऐसी कौन सी विशेष घटनाएँ थीं, जिन्हें वे हमेशा याद रखेंगे। जहाँ तक मेरी बात थी तो मैंने वर्ष 2010 के एक खास अनुभव के बारे में बताया, जो अपने मित्र वी. काथीरेसन से मेरी मुलाकात थी, जो मेरे ड्राइवर के रूप में काम किया करते थे। उन्होंने उसके बाद पी-एच.डी. की डिग्री हासिल कर ली और अब वह एक लेक्चरर हैं।

मैंने वर्ल्ड विजन 2030 को तैयार करने के बारे में भी बताया, जिसे मैंने अपनी टीम और गेटन कॉलेज ऑफ बिजनेस एंड इकोनॉमिक्स (केंटकी विश्वविद्यालय) तथा भारतीय प्रबंधन संस्थान, अहमदाबाद और इंदौर के अपने छात्रों के साथ मिलकर तैयार किया था। फिर डॉ. दास ने मुझे बीते वर्षों में अपनी उल्लेखनीय उपलब्धियों के बारे में बताया। पहले उन्होंने मुझे बताया कि उनके प्रत्यक्ष प्रबंधनवाले विभिन्न अस्पतालों में 1,32,000 से अधिक मरीजों का इलाज किया गया। उन्होंने कहा कि एक डॉक्टर के लिए सबसे

---

* प्रो. विजयानंद पटनायक मेमोरियल लेक्चर के प्रतिभागियों को संबोधन, भुवनेश्वर, 15 जनवरी, 2012।

हम सब एक हैं*

मैं जब 'हिंदुइज्म : एन इंट्रोडक्शन' (हिंदुत्व : एक परिचय) को पढ़ रहा था, और विशेष रूप से गायत्री मंत्र से संबंधित प्रार्थना को पढ़ा, तब मुझे एक ऐसी घटना याद हो आई, जिसे मैं आपके साथ साझा करना चाहूँगा। मेरे एक मित्र घनश्याम शर्मा प्रतिदिन सुबह स्नान के बाद एक मंत्र अवश्य जपते हैं, चाहे वह दिल्ली में हों या विदेश में। एक दिन मैंने घनश्याम से पूछा कि वह कौन सा मंत्र जप रहे हैं? उन्होंने मुझे बताया कि प्रतिदिन स्नान के बाद वह कम-से-कम 108 बार गायत्री मंत्र का उच्चारण करते हैं और कुछ विशेष अवसर पर वह उस मंत्र को 216 बार पढ़ते हैं। मैंने उन्हें वह मंत्र पढ़ने को कहा तो उन्होंने बड़ी सुंदरता से मेरे सामने उसका पाठ किया। मैंने उनसे उसका अर्थ पूछा और उन्होंने जो समझा था, उस अर्थ को मुझे बता दिया। मैंने जब 'हिंदुइज्म : एन इंट्रोडक्शन' का दूसरा हिस्सा पढ़ा, तब मैं उसका पूरा अर्थ समझ सका, जो इस प्रकार है—

(हम उस) ॐ का ध्यान करें, जो धरती,
बीच के अंतरिक्ष और स्वर्ग में (सर्वत्र) है।
हम सूर्य देवता के अभीष्ट तेज का चिंतन करें।
वह हमारी बुद्धि को सन्मार्ग पर प्रेरित करें।

लेखक का भी यही कहना है कि 'गायत्री मंत्र' नाम का शाब्दिक अर्थ

* अक्षरधाम मंदिर में हिंदुत्व : एक परिचय के लोकार्पण पर संबोधन, नई दिल्ली, 1 जुलाई, 2011।

यही है कि वह मंत्र, जो अपना पाठ करनेवाले की रक्षा करता है।

गायत्री मंत्र का पाठ करने से गरिमा आती है और यह उस व्यक्ति को आध्यात्मिक तेज, सूक्ष्म ब्रह्मांडीय ऊर्जा, बुद्धि, सूझ-बूझ, रचनात्मक दृष्टि और स्वस्थ करने की शक्तियों से संपन्न करता है।

इस प्रार्थना का पाठ दिन में तीन बार सूर्य की बदलती दिशा के अनुसार किया जाता है। मैं जब इस मंत्र के पाठ के विषय में सोचता हूँ तो मुझे अपनी प्रार्थना, नमाज पढ़ने की याद आती है, जिसे दिन में पाँच बार इन पंक्तियों के साथ पढ़ा जाता है—

बिस्मिल्लाहिर्रहमानिर्रहीम
अल्हम्दुलिल्लाहि रब्बिल आलमीन
अर्रहमानिर्रहिम
मलिकीयवमिद्दीन
इयाकनाब्दुवायाकनस्ताइन
इहदिनाससइर्रत
अलमुस्ककीमसीरत
अल्लादीन
अनामताअल्यहीमगरीलमग्द
उबीअल्यहीमवालद्दीयाल्लिन।

इसका अर्थ है—

अल्लाह के नाम पर, जो सबसे दयालु, सबसे परोपकारी है
सारी प्रशंसा, कृतज्ञता और धन्यवाद सिर्फ अल्लाह को है, जो इस जहाँ का मालिक है।
सबसे दयालु और सबसे परोपकारी
वह जो इनसाफ के दिन का मालिक है।
हम तुम्हारा सजदा करते हैं और तुमसे सही रास्ते पर चलने में मदद माँगते हैं।
वह रास्ता, जिस पर तुम्हारा नूर मिलता है,

न कि वह रास्ता जिस पर तुम्हारी नाराजगी,
न ही उनका रास्ता, जो राह से भटक गए हैं।

जैसा कि हम देख सकते हैं, दोनों ही प्रार्थनाओं में यह आशीर्वाद और मार्गदर्शन माँगा गया है, जिससे कि एक व्यक्ति सदैव सही व्यवहार का पालन करे और धर्म के सिद्धांतों पर चले।

□

पुस्तकें हमारी साथी हैं*

किसी अच्छी पुस्तक के संपर्क में आना और उसे खरीदना जीवन को सदा के लिए समृद्ध बनाने का एक तरीका है। वह पुस्तक सदा के लिए आपकी साथी बन जाती है। कभी-कभी पुस्तकें हमारे जन्म से पहले की होती हैं। वे जीवन के सफर में हमारा मार्गदर्शन करती हैं और कई पीढ़ियों तक ऐसा करती हैं। मैंने सन् 1953 में चेन्नई के मूर मार्केट स्थित एक पुराने बुक स्टोर से 'लाइट फ्रॉम मेनी लैंप्स' नाम की एक पुस्तक खरीदी थी। उस पुस्तक के संपादक हैं लिलियन आइशलर वाटसन।

पाँच दशकों से भी अधिक समय तक यह पुस्तक मेरी दोस्त और साथी रही है। इस पुस्तक का इस्तेमाल इतनी बार किया गया कि कई बार इसकी जिल्द बँधवानी पड़ी। मुझे उस पुस्तक का महत्त्व एक बार फिर तब पता चला, जब न्यायपालिका से जुड़े मेरे एक मित्र ने मुझे उसी पुस्तक का नया संस्करण हाल ही में दिया। उन्होंने कहा कि यह पुस्तक वह सबसे अच्छी चीज है, जिसे वह मुझे दे सकते थे; क्योंकि मुझे उससे बहुत प्यार था और शायद आज से पचास वर्ष बाद वही पुस्तक एक नया अवतार ले सकती है। इस कारण, पुस्तकें शाश्वत और प्रभावशाली होती हैं।

□□□

---

* 20वें नई दिल्ली विश्व पुस्तक मेले में संबोधन, नई दिल्ली, 3 मार्च, 2012।